DIE 4 SÄULEN MODERNER

ALPHA-MÄNNLICHKEIT

Mehr Geld, Erfolg und glückliche Beziehungen durch Charakterstärke, Selbstbewusstsein und die Kunst positiver Routinen

DER MANN DER ALLES HABEN KANN

VALENTIN SCHWARZ

Druck: Amazon Deutschland oder Partner

Umweltschutz: Der Druck erfolgt in chlorfreier Tinte und das säurefreie Papier für den Innenteil des Buches wird von einem Anbieter mit Forest Stewardship Council-Zertifizierung bezogen. Alle Abfälle, die beim Drucken entstehen, werden ordentlich recycelt und verwertet. Der Druck dieses Buches wird über ein Print-on-Demand-Verfahren abgewickelt. So werden nur Bücher angefertigt, die auch benötigt werden. Dies spart Ressourcen und schont die Umwelt.

Inhaltsverzeichnis

Einleitung

Ein Alpha-Mann zu sein, ist heute nicht einfach. In unserer schnelllebigen und hektischen Welt sind die Fallstricke für den Alpha-Mann groß: Entscheidungsschwierigkeiten aufgrund der vielen beruflichen Perspektiven, wachsender Druck sowie vermehrte Kritik durch die schnelle Verbreitung von Informationen in den sozialen Medien – dies sind nur einige Beispiele.

Womöglich ist Letzteres der Grund, weshalb du dich selbst noch nicht als Alpha-Mann siehst und dieses Buch liest: Eventuell schlummert in dir ein Alpha-Mann und wartet darauf, auszubrechen, aber du bist über die gewissen Fallstricke gestolpert, die es heutzutage gibt. Aber was auch immer die Gründe sein mögen, ist nun unwichtig. Du schlägst nämlich mit dem Lesen dieses Ratgebers deinen Weg zum Alpha-Mann ein. Lasse dir dabei eines gesagt sein: Du wirst nicht irgendein Alpha-Mann werden, sondern einen völlig individuellen Weg gehen! Denn mit den Informationen, Tipps, Anleitungen und Übungen in diesem Ratgeber bekommst du keine Glaubenssätze aufgezwungen und wirst ebenso wenig dazu gedrängt, dir bestimmte Interessen anzueignen.

Von Ratgebern, die dir Dinge aufzwingen, solltest du dich distanzieren. Allerdings gibt es davon zu viele, was dazu beiträgt, dass der Begriff des Alpha-Mannes komplett falsch weitervermittelt wird. Wenn beispielsweise ein Ratgeber empfiehlt, man solle auf dem Boden anstelle der Matratze schlafen, um sich dadurch abzuhärten, und dies als eine Maßnahme auf dem Weg zum Alpha-Mann bezeichnet, hältst du definitiv den falschen Guide in der Hand. Wahrscheinlich sind Ratgeber wie diese überhaupt einer der Gründe, wieso du dich nicht als Alpha-Mann fühlst: Du lässt dich zu sehr von Stereotypen beeinflussen, die dir vorschreiben, was du tun musst, um ein Alpha-Mann zu sein. Damit wird nach dem Lesen dieses Ratgebers Schluss sein, denn du wirst deinen individuellen Weg zum Alpha-Mann finden und gehen.

Diesen Weg zu finden, ist jedoch gar nicht einfach, denn es gibt heutzutage eine große Auswahl an beruflichen Möglichkeiten, Hobbys, Interessen und weiteren Perspektiven, sodass Entscheidungen schwerfallen. Vor einigen Jahrzehnten noch waren die Möglichkeiten begrenzt, was dazu geführt hat, dass die Menschen einen beruflichen Weg eingeschlagen haben und diesen konsequent gegangen sind. Die begrenzten Möglichkeiten sind per se nichts Gutes, doch hatten sie den meist positiven Effekt, der einen Alpha-Mann auszeichnet: Die Menschen gingen ihren Weg – ohne Wenn und Aber, sie ließen sich nicht verbiegen, sie waren diszipliniert, sie waren Alpha!

Die früheren Zeiten haben der Alpha-Mentalität in die Karten gespielt, denn den Luxus, sich jederzeit mal eben umzuorientieren, Berufe und Studiengänge abzubrechen und um die Welt zu reisen – diesen Luxus gab es nicht. Allein die Situation in Deutschland nach dem Zweiten Weltkrieg war derart schwer, dass lediglich zwei Möglichkeiten blieben: Aufgeben oder Kämpfen. Die Leute kämpften und ließen das deutsche Wirtschaftswunder in den 50er-Jahren entstehen, brachten nebenbei noch die heldenhaften deutschen Fußballweltmeister 1954 hervor und verzeichneten weitere Erfolge.

Heute ist von einem solchen Antrieb immer weniger zu sehen, was wohl daraus resultiert, dass die Zeiten einfacher sind und der Wohlstand keinen Grund mehr zu derartigen Aufbauleistungen wie in der Nachkriegszeit liefert. Immerhin machen einige wenige Personen es vor, wie die Alpha-Mentalität auch heutzutage noch Einzug halten kann – wenn nicht durch externen Antrieb wie die schwierige wirtschaftliche Lage in der Nachkriegszeit, dann aus eigenem Antrieb, weil man eben mehr sein will als der Durchschnitt und mehr haben möchte als der Durchschnitt. Was ist daran verkehrt, sich mehr zu wünschen? Gar nichts. Mache daher deinen Wunsch wahr!

Alpha-Männer werden zum Teil stark bewundert, denn mittlerweile ist der Alpha-Mann eine wahre Seltenheit geworden. Doch teilweise herrscht auch Kritik: Heutzutage stehen Alpha-Männer vor noch größeren Herausforderungen als früher. Weil der Alpha-Mann immer seltener wird und durch seine Seltenheit eine umso größere Strahlkraft hat, ist die Menge der Neider und Missgünstigen beträchtlich angestiegen. Ist das ein Problem für dich auf deinem Weg zum Alpha-Mann? Gewissermaßen schon. Allerdings wirst du dir in diesem Ratgeber bereits in den ersten Kapiteln und somit mit den ersten Schritten zum Alpha-Mann das benötigte dicke Fell aneignen und begreifen: Ein Alpha-Mann verbiegt sich nicht! Er steht zu dem, was er ist – und ist so überzeugt davon, dass er sich durch den Neid der anderen nicht erschüttern lässt. Stattdessen baut er sich sein eigenes soziales Umfeld auf, in dem er und alle anderen zugehörigen Personen sich gegenseitig positiv beeinflussen.

Wie du bis hierhin zweifellos beim Lesen bemerkt haben dürftest: Der Alpha-Mann ist kein Kampfsportler, der zur Abhärtung am kahlen Boden schläft. Auch ist er kein Macho, der möglichst viele Frauen aufreißt und sich darüber definiert. Sehr gern darf der Alpha-Mann Kampfsport betreiben, denn Kampfsport kann für die Gesundheit und den Geist durchaus förderlich sein. Auch weibliche Bekanntschaften bereichern das Leben eines Mannes auf verschiedene Weise.

In allererster Linie ist der Alpha-Mann jedoch eine Person, die sich nicht durch Oberflächlichkeiten auszeichnet und auf irgendwelche gesellschaftlichen oder sozialen Stigmata reduzieren lässt. Stattdessen ist er charakterlich ein Unikat – und das durch und durch! Seine Stärken liegen in seinen Glaubenssätzen, denen er strikt folgt, aber die er bei Bedarf auch zu hinterfragen und anzupassen weiß. Du brauchst am Anfang deines Weges keinen starken Körper, du musst kein großes Allgemeinwissen haben, außerdem ist es nicht notwendig, mutig zu sein.

Alles, was du für einen gelungenen Anfang deines Weges zum Alpha-Mann brauchst, sind die richtige Einstellung sowie eine Ansammlung an Glaubenssätzen, die dir helfen, alles zu erreichen, was du erreichen möchtest. Und genau damit beginnt der Ratgeber im ersten Kapitel: mit den charakterlichen Eigenschaften des Alpha-Mannes. Bist du bereit, den Grundstein für dein starkes Alpha-Ich zu legen? Dann starte nun durch und achte nicht mehr darauf, was die Anti-Alphas sagen!

Einführung in die charakterlichen Eigenschaften des Alpha-Mannes

Der Charakter eines Alpha-Mannes ist seine größte Stärke. Ein guter Charakter ist dir nicht nur in Bezug auf den Erfolg, sondern auch in Momenten des Scheiterns und beim Aufbäumen danach hilfreich. Egal, wie deine aktuelle Situation ist und welche Niederlagen und Enttäuschungen du erlitten hast: Mit dem richtigen Charakter kommst du immer wieder in deine Spur zurück und erreichst deine Ziele. Aber was ist der „richtige Charakter"? Genau dieser Frage widmen wir uns in den nächsten Abschnitten.

Zunächst sollte dir klar sein, dass dein Charakter sogar noch wichtiger ist als die Fähigkeiten und Talente, die du besitzt. Beispielsweise kannst du herausragend musizieren, wirst aber nie dein volles Potenzial ausschöpfen können, wenn du bei

Auftritten vor anderen Menschen nervös wirst – der Alpha-Mann verfällt nicht in Nervosität. Auch fürs Flirten kannst du dir zwar beeindruckende zwischenmenschliche Skills angeeignet haben und noch so charmant sein, aber du wirst dadurch nicht automatisch langfristig erfolgreiche Beziehungen zu Frauen aufbauen können, wenn dir die charakterlichen Eigenschaften fehlen, um die Bedürfnisse anderer Personen zu verstehen und zu berücksichtigen. Der Alpha-Mann hingegen versetzt sich gut in die Lage anderer Personen und baut dadurch lange Jahre andauernde Beziehungen auf.

In diesem ersten Kapitel widmen wir uns der Frage, was unter dem Charakter im Allgemeinen zu verstehen ist und wieso dieser die Basis für deinen Alpha-Mann-Status bildet. Außerdem wirst du darüber informiert, mit welchen Widerständen du auf deinem Weg zu rechnen hast und auf welche Weise du diesen Widerständen am besten begegnest, um dich durchzusetzen. Somit ergeben die Inhalte in diesem Kapitel die Grundlage für deine weitere Entwicklung zum Alpha-Mann sowie für die praktischen Übungen in den Folgekapiteln.

Eine Charakterfrage: Was bedeutet eigentlich „Alpha-Mann"?

Es ist wichtig, zu verstehen, dass ein Alpha-Mann weitaus mehr als ein „Frauenaufreißer" oder „Rudelführer" ist – von Begriffen wie diesen wird in Unterhaltungsliteratur oft Gebrauch gemacht, wenn vom Alpha-Mann die Rede ist. In Wirklichkeit ist der Alpha-Mann nicht einmal ansatzweise eine Person, die sich mit derart plakativen Begriffen wie den genannten umschreiben lässt.

Das Problem der beiden Begriffe liegt in erster Linie in deren Einseitigkeit. Während ein Frauenaufreißer zunächst nur als eine Person zu verstehen ist, die die Kommunikation und sexuelle Umgangsweise mit Frauen beherrscht, überzeugt ein Rudelführer vor allem durch seine Führungsqualitäten und gegebenenfalls die körperliche Stärke sowie verbale Durchsetzungsfähigkeit. Aber darüber hinaus sagen die beiden Begriffe „Frauenaufreißer“ und „Rudelführer“ wenig über einen Mann aus.

Nun sei mal ganz ehrlich: Was würde es dir bringen, nur ein Frauenaufreißer zu sein? Wenig, denn im Leben wirst du mit zahlreichen Situationen konfrontiert, in denen es auf weitaus mehr Qualitäten als die bloße Kommunikation sowie den sexuellen Umgang mit Frauen ankommt. Wer den Alpha-Mann-Status aus der Fähigkeit, Frauen aufzureißen, ableitet, wird höchstens in diesem Bereich ein Alpha-Mann sein. Das aber ist nicht die Definition des Begriffs „Alpha-Mann“.

Da die Bezeichnung „Alpha-Mann“ keinerlei Beschränkungen auf eine bestimmte Lebenssituation oder bestimmte Fähigkeiten beinhaltet, ist der Alpha-Mann grundsätzlich eine Person, die mit mehreren Qualitäten überzeugt und allgemein ein vielseitiger Mensch ist. Diese Tatsache macht Begriffe wie „Frauenaufreißer“ und „Rudelführer“ zu völlig unzureichenden Umschreibungen. Wieso bekommt man im Zusammenhang mit dem Alpha-Mann dennoch häufig diese Begriffe zu hören?

Der Grund dafür bringt dich der eigentlichen Definition des Begriffs näher: Weil ein Alpha-Mann Fähigkeiten und Qualitäten besitzt, die auf zahlreiche Personen anziehend wirken. Ob es nun Frauen, Männer, der Arbeitgeber oder eine andere Gruppe an Personen ist: Aufgrund seiner starken Anziehungskraft vermag er es, Menschen für sich zu gewinnen. Um Menschen von sich zu überzeugen, braucht der Alpha-Mann langfristig jedoch einen guten Charakter, wie sich bei einem genaueren Blick auf die Thematik zeigt.

Der Charakter als Schlüssel zum Alpha-Mann

„Auf lange Sicht wird offengelegt, was auf den ersten Blick verborgen blieb.“
- Zitat des Autors

Der Mann, der den Begriff des Alpha-Mannes geprägt und populär gemacht hat, heißt Frans de Waal. Er hat den heutigen Gebrauch des Begriffs beobachtet und trifft folgende Aussage: „Du solltest einen Tyrannen nicht als Alpha-Männchen bezeichnen. […] Jemand, der groß und stark ist und jeden einschüchtert und beleidigt, ist nicht unbedingt ein Alpha-Männchen. […] Das kleinste Individuum kann ein Alpha-Männchen sein, solange es weibliche Unterstützung oder die richtigen Freunde hat und diese glücklich hält.“ (Brueck, 2018)

Damit spielt der Begründer des Alpha-Mann-Begriffs auf den Charakter als wichtigste Eigenschaft an und hebt zudem die Bedeutung des sozialen Umfelds hervor. Das soziale Umfeld wird in diesem Kapitel noch berücksichtigt, doch fürs Erste wird weiterhin der Charakter thematisiert, denn ein Blick auf einige Beispiele zeigt, dass auf lange Sicht dieser darüber bestimmt, ob bestimmte Männer von der Gesellschaft als Alpha-Männer wahrgenommen werden oder nicht.

Beispiel

Im Sport präsentiert sich eine Person herausragend. Sie spielt ihre Gegner förmlich an die Wand und lässt ihnen keine Chance. Die Öffentlichkeit ist beeindruckt von den technischen Fähigkeiten und der Dominanz des scheinbaren Alpha-Mannes. Schließlich steht das Finale an, in dem der Alpha-Mann einmal mehr eine herausragende Leistung liefert. Schon nach der Hälfte des Spiels ist der Sieg beschlossene Sache, denn der andere Finalist hat kaum eine Chance. Dann begeht der Dann begeht

> der vermeintliche Alpha-Mann einen entscheidenden Fehler: Er demütigt seinen Gegner während des Auftritts und stellt seine Dominanz auf respektlose Weise zur Schau. Die Zuschauer bemerken dies und zollen nach dem Spiel dem Verlierer mehr Respekt als dem Sieger. Der Sieger verliert nach dem Spiel sogar zwei Sponsorenverträge, weil sich die Sponsoren von seiner unvorbildlichen Art distanzieren.

Bitte verstehe die Natur des Alpha-Mannes nach dem Lesen der bisherigen Abschnitte nicht falsch: Es ist keineswegs so, dass all die Fähigkeiten, die du besitzt, unwichtig wären und ausschließlich der Charakter zählen würde. Spätestens im dritten Kapitel wirst du merken, wie wichtig deine Fähigkeiten sind; du wirst sogar feststellen, dass du weitaus mehr Fähigkeiten besitzt, als du es selbst vermutest, und lernen, dir diese Fähigkeiten vor Augen zu führen, um dein Selbstbewusstsein zu fördern. Du wirst mithilfe des dritten Kapitels erkennen, dass – unabhängig von den Aussagen anderer Personen – diverse deiner Fähigkeiten und Kenntnisse einen hohen Wert haben. Sobald du dieses Selbstverständnis entwickelt hast, wirst du noch mehr Selbstbewusstsein und Motivation haben, um deine Fähigkeiten und Kenntnisse zu erweitern. Mehr dazu in Kapitel 3.

Der Charakter bildet die Grundlage, auf der du deine Fähigkeiten einsetzt, sie den Mitmenschen zeigst und weiterentwickelst. Somit spielt der Charakter eine Schlüsselrolle in deiner Weiterentwicklung sowie in der Wahrnehmung von dir durch andere Personen. Missbrauchst du deine Fähigkeiten, um andere zur Schau zu stellen, wirst du weniger Ansehen erhalten und dir schlimmstenfalls Feinde machen. Außerdem steht dir dein Charakter dann bei der Weiterentwicklung deiner Fähigkeiten im Wege. Als Folge dessen kann es dazu kommen, dass du dich aus Mangel an Disziplin zurücklehnst und weniger erreichst, als du eigentlich erreichen könntest.

Der Charakter legt früher oder später offen, was auf den ersten Blick verborgen bleibt: Durch beeindruckende Fähigkeiten können sich Personen mit einem schlechten Charakter womöglich einen Alpha-Mann-Status aufbauen, doch dieser wird irgendwann garantiert verloren gehen, sofern sich der Charakter dieser Personen nicht zum Guten wandelt. Jede Person, die den angeblichen Alpha-Mann über einen etwas längeren Zeitraum kennenlernt, wird den wahren Charakter erkennen können, denn der Charakter ist etwas, das sich auf lange Sicht nicht verbergen lässt.

Das Beispiel sowie die kurze Erklärung haben gezeigt: Keine Veranlagungen und Talente werden dich zum Alpha-Mann machen. Was dich zum Alpha-Mann macht, ist das, was in dir ist. Also widmen wir uns nun dem Charakter als Schlüsselaspekt.

Was ist der Charakter und was ist dein charakterliches Ziel?

Kurz und knapp formuliert, bezeichnet der Begriff „Charakter“ die Gesamtheit der geistig-seelischen Eigenschaften eines Menschen. (Spektrum.de, 2000) Hier lässt sich zwischen guten und schlechten Charaktereigenschaften unterscheiden, wobei zu beachten ist, dass zu viel einer guten Eigenschaft durchaus negativ sein kann. Hilfst du beispielsweise immerzu nur anderen Personen, aber verlierst deine eigenen Bedürfnisse aus den Augen, wirst du dich vernachlässigen und dir auf diese Weise auf lange Sicht höchstwahrscheinlich schaden, sodass die Hilfsbereitschaft als eigentlich positiver Charakterzug letztlich eine negative Wirkung auf dich hat. Der Alpha-Mann zeichnet sich dadurch aus, dass er seine Charaktereigenschaften in einem gesunden Maße ausbalanciert hat. Wie er das getan hat, wirst du in diesem

Buch schrittweise lernen. Dabei wirst du einen individuellen Weg finden, wie viel von welcher Charaktereigenschaft du in welcher Situation einsetzen solltest.

Jede Charaktereigenschaft prägt deinen Geist und deine Seele – das ist keine esoterische Aussage, sondern eine Tatsache. Um ein Beispiel anzuführen: Es gibt Menschen, die anderen durch ihre Kreativität imponieren, aber denen es an der Disziplin mangelt, um langfristig konsequent an einer Sache zu arbeiten. Ein Gegenbeispiel sind Menschen, die äußerst diszipliniert sind, jedoch in der mangelnden Kreativität ihre Schwäche haben. Obwohl diese beiden Personentypen durchaus ihre Schwächen haben, können sie dennoch Alpha-Männer sein. Ob du ein Alpha-Mann bist oder nicht, ist nämlich nicht an die Perfektion des eigenen Charakters gekoppelt.

Da Perfektion im Leben ohnehin nicht erreichbar ist, sind die Anforderungen an einen Alpha-Mann entsprechend angepasst: Dieser hat wie jeder Mensch Stärken und Schwächen, doch ist er sich im Unterschied zum Großteil der Menschen seiner Schwächen bewusst und arbeitet schrittweise an diesen. Dabei weiß er, seine Stärken effizient einzusetzen sowie selbstbewusst zu präsentieren. Auch mit dem Prozess der Selbstreflexion wirst du dich in diesem Ratgeber noch eingehend befassen, um deine Stärken zu erweitern und deine Schwächen schrittweise abzubauen.

Ein funktionierendes soziales Umfeld ist für den Alpha-Mann entscheidend

„Der Mensch ist ein soziales Wesen."
- Daniela Albat (2020)

Frans de Waal, der Begründer des Alpha-Mann-Begriffs, hat neben dem Charakter auf eine weitere wichtige Komponente im Leben des Alpha-Mannes angespielt: auf das soziale Umfeld. Nach den einleitenden Abschnitten zur Bedeutung des Charakters soll nun auf die Wichtigkeit eines intakten sozialen Umfelds eingegangen werden, denn auch am Aufbau eines intakten sozialen Umfelds wirst du mithilfe folgender Kapitel intensiv arbeiten.

Um das obige Zitat aufzugreifen: Ob in wissenschaftlichen Arbeiten, in Interviews mit Psychologen oder Verhaltensforschern, im Internet auf News-Seiten und in Ratgebern – allzu häufig wird betont, dass der Mensch den Kontakt zu anderen Mitmenschen als Grundbedürfnis braucht. (Albat, 2020; Kaffka, 2021; Grundmann, 2010) Der Alpha-Mann unterscheidet sich in diesem Bedürfnis kein bisschen von anderen Menschen.

Für den Alpha-Mann ist ein funktionierendes soziales Umfeld nicht nur zur Deckung des menschlichen Grundbedürfnisses nach sozialem Kontakt essenziell, sondern auch deshalb, weil er Zeugen braucht, die ihn als Alpha-Mann erkennen. Stell dir vor, du wärst zwischenmenschlich unfassbar intelligent: Wie könntest du ohne den Kontakt zu Mitmenschen von dieser Intelligenz Gebrauch machen? Wie sollte es dir gelingen, zu zeigen, dass du auf eine besondere Art und Weise handelst und wirklich einzigartig bist, wenn es keine Menschen gäbe, die Zeugen davon sind und dies bewerten?

Zwar ist es wichtig, dass du das Selbstbewusstsein entwickelst, selbst für dich zu erkennen, dass du ein Alpha-Mann bist. Jedoch wird dir das auf lange Sicht nicht viel bringen, denn aufgrund der sozialen Ader eines jeden Menschen bist du darauf angewiesen, ein Umfeld zu haben und dieses hin und wieder von dir zu überzeugen. Aus dem Umfeld erhältst du schließlich den umfassenden Zuspruch, der im Leben eines Alpha-Mannes eine entscheidende Komponente darstellt. Mit dem Verlaufe deiner Entwicklung zum Alpha-Mann werden immer mehr Menschen merken, dass du eine beeindruckende Transformation durchläufst, und dir Wertschätzung entgegenbringen.

Obwohl es in diesem Ratgeber primär um deine persönliche und individuelle Entwicklung geht, wirst du also nicht umhinkommen, die Bewunderung anderer Personen für dich zu gewinnen. Denn dieses externe Feedback ist essenziell für die Deckung deines Bedürfnisses nach Zuspruch. Außerdem hat das externe Feedback eine vorteilhafte Kontrollfunktion: Wenn andere Personen dich beispielsweise für etwas loben, dann zeigt dir dies, dass du dich bei deinen Fortschritten nicht selbst täuschst, sondern tatsächlich zu einem Alpha-Mann wirst. Deine Mission als Alpha-Mann besteht also nicht nur darin, für dich selbst eine beeindruckende Weiterentwicklung zu durchlaufen, sondern auch darin, die Menge für dich zu gewinnen.

Mission des Alpha-Mannes: Gewinne die Menge!

„Ich war nicht der Beste, weil ich schnell getötet habe.
Ich war der Beste, weil die Menge mich liebte."
- Gladiator (2000)

Das Zitat stammt aus dem Filmklassiker Gladiator (2000) mit Russell Crowe in der Hauptrolle. Hierzu zunächst eine Hintergrundinformation: Vor einigen Jahrtausenden waren die Gladiatoren im alten Rom Sklaven. Sie traten im Kolosseum und an weiteren Orten vor großen Menschenmengen auf und hatten eine Aufgabe: Kämpfen bis zum Tode. Wer gewann, durfte leben – zumindest bis zum nächsten Kampf, bei dem das Schicksal neu entschieden wurde. Einige Gladiatoren erlangten trotz ihres Status als Sklaven eine enorme Bekanntheit, weil sie viele Kämpfe überlebten und mit ihren Fähigkeiten die Zuschauer zu beeindrucken wussten.

Im Film Gladiator gibt der ehemalige Gladiator Proximo dem Neu-Gladiator Maximus den Ratschlag, wie er seine Freiheit erlangen kann. Er muss als Gladiator überzeugende Kämpfe ausfechten und dadurch die Gunst des Kaisers erlangen. Dorthin gelangt er allerdings erst, wenn er die Menge – gemeint sind die Zuschauer – für sich gewinnt. Dabei ist das Entscheidende laut Proximo nicht nur, die eigenen kämpferischen Fähigkeiten gekonnt einzusetzen: „Ich war nicht der Beste, weil ich schnell getötet habe." Entscheidend ist der Zuspruch der Menge: „Ich war der Beste, weil die Menge mich liebte."

Sogar den Gladiatoren, die ihrerseits trotz des Sklavenstatus als Inbegriff für Stärke galten, genügte es also nicht immer, ihre Fähigkeiten einzusetzen und damit als Sieger vom Platz zu gehen. Es benötigte die Gunst der Menge, die sich unter anderem durch einen gewissen Charakter erreichen lässt. Wie setzte Maximus die Lehre von Proximo im Film in die Tat um? Ein Beispiel: Maximus hatte einen Gegner überwältigt, doch dieser lebte noch. Er schaute empor zum Kaiser auf dessen Thron, der Maximus mit dem Daumen den Befehl gab, den geschlagenen Gegner zu töten. Maximus setzte den Befehl aber nicht um, womit er nicht nur darauf verzichtete, seiner eigentlichen Pflicht des Tötens nachzukommen. Stattdessen verschonte er das Leben des Mannes entgegen dem Befehl des Kaisers und entgegen dem üblichen Drang der Zuschauer, Blut zu sehen. Die Rufe aus dem Publikum waren: „Maximus! Maximus, der Barmherzige!" Indem er die Menge überraschte und nach einer Reihe an erfolgreichen Kämpfen mit tödlichem Ausgang für die Gegner ausnahmsweise Gnade walten ließ, bewies er Barmherzigkeit und bot einen neuen, positiven Einblick in seinen Charakter.

Das Beispiel von Maximus zeigt, wie essenziell positive Charaktereigenschaften sind und welch eine große Bedeutung diese für die Wahrnehmung durch andere Personen haben können. Maximus gelang es durch seine Gnade, sich als vielseitiger Gladiator zu profilieren. Er war nicht mehr nur der Alpha-Mann, der auf Knopfdruck tötet und herausragende Fähigkeiten hat. Fortan war er der Alpha-Mann, der neben seinen herausragenden Fähigkeiten einen warmen Charakter hat und diesen zumindest manchmal zur Geltung kommen lässt.

Der Effekt, den Maximus erreicht, ist jener, den auch du als Alpha-Mann erreichen möchtest: Du möchtest deinen Charakter so formen, dass du den Menschen nicht nur aufgrund deiner Fähigkeiten positiv in Erinnerung bleibst, sondern sie hin und wieder auch positiv überraschst. Auch dir persönlich wird es guttun, deinen Charakter auf diese Weise zu formen, denn positive Charaktereigenschaften und Vielseitigkeit erweitern deinen Horizont und erleichtern es dir, mit anderen Menschen in Kontakt zu treten sowie Beziehungen langfristig aufrechtzuerhalten. Das Beispiel aus dem Film Gladiator zeigt, dass es sogar hohe Wellen schlagen und dir weitreichende Anerkennung verschaffen kann, wenn du positive Charaktereigenschaften in jenen Augenblicken an den Tag legst, in denen es am wenigsten von dir erwartet wird.

Werte des Alpha-Mannes als Grundlage für soziale Intelligenz und Interaktion

Für den Alpha-Mann ist es in der sozialen Interaktion und auch für sich selbst wichtig, klare Werte zu definieren sowie diesen zu folgen. Das zweite Kapitel des Ratgebers stellt dir fünf Werte vor, die du dir im Idealfall aneignen solltest, um mit dir selbst sowie mit den Menschen in deinem Umfeld bestmöglich klarzukommen. Aber was sind Werte überhaupt? Letztlich handelt es sich dabei um Regelwerke, die du dir auferlegst und denen du aus purer Überzeugung folgst.

> ***Hinweis!***
>
> Wie in der Einleitung erwähnt, ist es in diesem Ratgeber nicht das Ziel, dir bestimmte Vorstellungen aufzuzwingen; dennoch entpuppen sich die im zweiten Kapitel vorgestellten fünf Werte meist als wesentliche Komponenten für ein funktionierendes soziales Umfeld. Es sind allgemein positive Werte, die die Interaktion mit Mitmenschen vereinfachen. Je mehr du dich an die fünf Werte hältst, umso wahrscheinlicher ist es, dass du ein positives Feedback erhältst und somit das Gefühl bekommst, von deinem Umfeld wertgeschätzt zu werden.

Werte zu definieren und beizubehalten, ist für dich ein wichtiger erster Schritt auf dem Weg zum Alpha-Mann. Die folgenden fünf Werte, die im zweiten Kapitel erklärt werden und zu deren Verinnerlichung du Übungen an die Hand bekommst, werden dir ein hilfreicher Kompass bei der Aneignung bzw. Erweiterung deiner zwischenmenschlichen Fähigkeiten sowie sozial wichtigen charakterlichen Eigenschaften sein:

- Authentizität
- Respekt
- Gutmütigkeit
- Empathie
- Loyalität

Die drei größten negativen Einflüsse auf deinem Weg zum Alpha-Mann

Wie die verschiedensten Wege und Vorhaben in deinem Leben, birgt auch der Weg zum Alpha-Mann einige potenzielle Hindernisse. In diesem Abschnitt lernst du folgende drei Hindernisse kennen: Fremdsteuerung, Neid, Übereifrigkeit. Nachdem diese Risiken kurz erläutert wurden, erwarten dich nähere Informationen und Übungen dazu, wie du diese negativen Einflüsse auf deinem Weg zum Alpha-Mann vermeidest oder wie du am besten mit ihnen umgehst.

Ein Risiko besteht in der Fremdsteuerung, bei der du dich in deinem Handeln und Denken zu sehr von anderen Personen beeinflussen lässt. Du hast in diesem Kapitel gelernt, dass der Alpha-Mann ebenso wie jeder andere Mensch auf die Anerkennung und Wertschätzung anderer Menschen angewiesen ist. Dieses Bedürfnis ist allerdings mit dem Risiko verbunden, nach dem Willen anderer Menschen zu handeln, um die Anerkennung und Wertschätzung durch andere Personen auf schnellstmöglichem Wege zu erlangen – ein fatales Risiko, denn du solltest stets dein eigenes Leben führen!

Abgesehen von der Fremdsteuerung birgt auch der Neid einige Gefahren. Durch den Neid von anderen Personen könntest du in der sozialen Interaktion unsicher werden. Eventuell beschleicht dich die Vermutung, dass du etwas falsch machst und die Personen wegen eines Fehlers von dir ungern Zeit mit dir verbringen. Allerdings liegt der Fehler nicht bei dir, sondern bei jenen, die neidisch sind und deswegen negative Gerüchte über dich streuen oder den Kontakt zu dir meiden.

Zuletzt ist die Übereifrigkeit ein potenzielles Problem. Alle Motivation ehrt dich, doch zu viel Elan kann sich kontraproduktiv auswirken. Einige Personen, die sich in ihrer Arbeit aufopfern und überdurchschnittliche Leistungen erzielen, erleiden einen Burn-out und sind daraufhin weniger leistungsfähig. Demgegenüber stehen Personen, die auf eine gute Work-Life-Balance achten, gesund bleiben und dadurch im Beruf langfristig erfolgreicher sind. Der schrittweise Weg, den du konsequent, aber geduldig sowie in einem individuell angepassten Tempo gehst, ist der richtige für dich.

Fremdsteuerung

„Gehe nicht, wohin der Weg führen mag, sondern dorthin, wo kein Weg ist, und hinterlasse eine Spur."
- Jean Paul (1763–1825)

Mit Fremdsteuerung ist hier gemeint, dass du dich von anderen Personen derart stark beeinflussen lässt, dass du nach deren Wünschen und Vorstellungen handelst. Andere Personen könnten dich sowohl aus gutem als auch aus schlechtem Willen stark beeinflussen.

Beispiel

Die Eltern haben den Wunsch, dass ihr Sohn studiert. In Wirklichkeit möchte dieser nicht studieren, doch seine Eltern reden ihm seit Jahren ein, dass er studieren soll, damit er es aufgrund eines akademischen Hintergrunds künftig finanziell im Leben einfacher hat als sie. Zwar hat der Sohn einen guten Plan, wie er sich auch nach einer Ausbildung ein gesichertes Leben aufbauen kann, doch diesen nehmen die Eltern gar nicht wahr. Der Sohn entscheidet sich gegen die Ausbildung, auf die er sehr viel Lust gehabt hätte, und wählt den Studiengang, den seine Eltern von ihm einfordern. Nach dem Studienabschluss arbeitet der Sohn mehrere Jahrzehnte in einem Beruf, auf den er keine Lust hat, und trauert seiner eigentlichen Leidenschaft nach, der er hätte nachgehen können, falls er die Ausbildung absolviert hätte.

Begreifst du den Fehler? Hast du etwas Ähnliches schon einmal erlebt? Es muss sich keineswegs um die Beeinflussung durch Eltern handeln, denn auch andere Mitglieder in der Familie, deine Freunde und deine Bekannten können dich aus gutem Willen stark beeinflussen. Sogar dein Arbeitgeber kann dich zu einem berufsbegleitenden Studium drängen, weil er in dir viel Potenzial sieht und dir zu einem besseren Einkommen verhelfen möchte. Das sind Beispiele für einen Einfluss, der aus gutem Willen auf dich ausgeübt wird.

Einflüsse aus negativem Willen können beispielsweise von falschen Freunden, dir gegenüber schlecht gesinnten Vorgesetzten und Konkurrenten kommen. Sie ziehen dich eventuell damit auf, dass du ein bestimmtes Vorhaben abgebrochen hast und kein Durchhaltevermögen besitzt. Du lässt dich dazu animieren, das Vorhaben wiederaufzunehmen, und folgst dabei einer Sache, die dich eigentlich nicht interessiert. So verschwendest du Zeit, die du in dir persönlich wichtige Dinge hättest investieren können.

Ob aus gutem oder schlechtem Willen: Eine Fremdsteuerung ist absolut schädlich! Sie kann dich dazu bringen, beruflich einen falschen Weg einzuschlagen und dann Jahre oder Jahrzehnte deines Lebens unglücklich zu sein. Zudem hält dich die Fremdsteuerung eventuell davon ab, deine Stärken und Fähigkeiten zu fördern und damit in verschiedenen Lebensbereichen voranzukommen. Besonders knifflig ist dieser Sachverhalt jedoch, da du als Alpha-Mann auf den Zuspruch durch andere Personen angewiesen bist – das Verlangen nach Wertschätzung und Anerkennung ist präsent und könnte dich dazu bringen, direkt auf den ersten Schritten zum Alpha-Mann das Falsche zu machen: Du beginnst deinen Weg, indem du das tust, was andere von dir verlangen und dir somit auf dem schnellsten Wege Wertschätzung von anderen Personen einbringen könnte. Doch das ist nicht der Sinn der Sache. Wer weiß: Vielleicht machst du aktuell zu vieles, woran dir nichts liegt, und bist deswegen kein Alpha-Mann? Womöglich liegt der einzig richtige Weg für dich darin, erst einmal viele deiner Aktivitäten aufzugeben, und zu hinterfragen, was du wirklich willst, um dann neue, eigene Ziele in Angriff zu nehmen?

Übung

Drei wichtige Bereiche im Leben eines Menschen sind die Arbeit, die Freizeit/Hobbys sowie die Ziele für die Zukunft. Überlege dir, in welchem der drei Bereiche du eventuell zu sehr dem folgst, was andere von dir wollen bzw. nach wie vor erwarten. Hättest du vielleicht Lust auf eine neue Arbeit, ein neues Hobby oder schwebt dir ein neues Ziel für die Zukunft vor? Sollten dir konkrete Ideen für eine neue Arbeit, ein neues Hobby oder ein neues Ziel kommen, die tatsächlich deinen inneren Wünschen entsprechen und nicht von anderen Leuten stammen, dann notiere dir deine Ideen auf einem Blatt Papier!

Mal angenommen, du würdest zu dem Ergebnis gelangen, dass du aktuell einige deiner Vorhaben oder Aktivitäten aufgeben möchtest, weil sie nicht deinen wahren Wünschen entsprechen: Bei einer solchen Entscheidung wäre es möglich, dass du zunächst Wertschätzung von anderen Personen verlierst. Vor allem jene Personen, denen es gefallen hat, dass du eine bestimmte Sache gemacht hast, könnten enttäuscht reagieren. Aber das hier ist kein Ratgeber für deine Familienmitglieder oder andere Menschen aus deinem Umfeld, sondern ein Ratgeber für dich! Genauso lebst du nicht nur für andere Personen, sondern primär für dich und zu dem Zweck, dich selbst zu verwirklichen. Deshalb ist in deinem Leben kein Platz für Fremdsteuerung.

Falls sich Personen enttäuscht von deinen Entscheidungen zeigen und diese nicht nachvollziehen können, solltest du dir eines vor Augen führen: Wenn du das tust, woran dir wirklich liegt, wirst du es wie ein Alpha-Mann auf eine brillante Weise durchziehen. Zunächst werden andere Personen vielleicht nicht begreifen können, was du machst und wieso du es machst, doch auf lange Sicht werden sie es verstehen und wertschätzen. Ganz mit den Worten von Jean Paul aus dem Anfangszitat gesagt: Du gehst anfangs einen Weg, den niemand anderer sieht. Es ist dein eigener Weg, den nur du vollends begreifst. Auf diesem Weg hinterlässt du eine Spur, die andere sehen werden. So würde – um das Beispiel vom Beginn aufzugreifen – der Sohn seine Eltern bestimmt mehrere Jahre nach der Ausbildung stolz machen. Die Eltern würden sehen, dass ihr Sohn ein gesichertes Leben mit einem zumindest ausreichenden Einkommen führt und dabei – das ist das Entscheidende – glücklich ist, weil er sich gegen das Studium und für seine Leidenschaft entschieden hat, der er beruflich nach dem Abschluss seiner Ausbildung nachgehen kann.

Du hast bei der Übung gemerkt, dass du in deinem Leben nicht ganz deinem eigenen Kompass folgst? Vielleicht hast du sogar gemerkt, dass du bisher gar nicht für dich lebst? Merke dir die Selbsterkenntnisse, die du aus der Übung gewonnen hast. Im vierten Kapitel über Selbstreflexion bekommst du mehr Instrumente an die Hand, um deine aktuelle Situation oder Stimmung zu bewerten sowie Entscheidungen für deine Zukunft zu treffen.

Neid

„Der Neid der anderen ist das Leid der anderen."
- Zitat des Autors

Bereits in der Einleitung des Buches wurde auf den Neid der Menschen als Risikofaktor Bezug genommen. Der Neid ist insofern ein Risikofaktor, als er dazu führen wird, dass du als Alpha-Mann von anderen Menschen auf verschiedene Weisen Missgunst entgegengebracht bekommen wirst:

- Andere Personen werden womöglich negative Gerüchte über dich erfinden, um dir Steine in den Weg zu legen. Erfolgreiche Sportler müssen beispielsweise des Öfteren mit dem Vorwurf des Dopings leben, während wohlhabende Geschäftsleute eventuell den Vorteil eines reichen Elternhauses als Vorwurf zu hören bekommen.
- Vielleicht werden dich gewisse Personen meiden, weil sie neidisch auf dich sind. Es ist für sie unter Umständen unerträglich, sich mit dir zu unterhalten und auf diese Weise an deinem Erfolg teilzuhaben, weil sie gern selbst einen ähnlichen Erfolg hätten. Da dich andere Personen meiden, könntest du Zweifel an deinen zwischenmenschlichen Kompetenzen entwickeln.
- Möglicherweise wenden sich sogar Freunde und Freundinnen von dir ab, weil sie neidisch auf dich sind. Wenn es tatsächlich so weit kommt, kannst du dir weitestgehend sicher sein, dass es sich um keine wahre Freundschaft handelte – und falls doch, dann hast du womöglich deinen Freundeskreis dazu inspiriert, an sich selbst zu arbeiten. Sobald sie glauben, wieder mit dir auf einer Wellenlänge zu sein, melden sie sich sicher wieder.

Im letzten Stichpunkt zeigen sich sogar einige positive Facetten, die deine Transformation für dein Umfeld haben kann. Vielleicht werden Personen aus deinem Umfeld zunächst neidisch und distanzieren sich von dir, aber begreifen eine Weile später, dass das Problem bei ihnen selbst liegt. Mit dieser Erkenntnis kommen sie eventuell auf dich zu und es entsteht eine tiefere Freundschaft als zuvor, weil du die Personen mit deiner Transformation zum Alpha-Mann dazu inspiriert hast, ihr eigenes Leben zu hinterfragen und zu optimieren.

Neid ist nicht zwingend negativ, denn er kann beim Menschen eine für den Geist reinigende Wirkung entfalten. Dies trifft übrigens auf viele negative Emotionen zu, sodass du bei feindseligen oder missgünstigen Handlungen und Signalen von anderen Menschen nicht sofort beleidigt oder enttäuscht reagieren musst. Versuche, wenn dir Neid entgegengebracht wird, dich von den entsprechenden Personen vorsichtig zu distanzieren und ihnen genügend Raum für ihren Verarbeitungsprozess zu geben.

Wie sieht es eigentlich mit deiner Einstellung zu anderen Personen aus? Bist du neidisch? Wenn das auf dich zutrifft, solltest du dir überlegen, was du von der Person, auf die du neidisch bist, lernen kannst. Neid ist keine Emotion, durch die sich ein Alpha-Mann auszeichnet. Wieso sollte er auch neidisch sein? Schließlich weiß der Alpha-Mann, dass er alles erreichen kann, was er will. Du kannst ebenfalls alles dir Wichtige erreichen. Führe dir das vor Augen und fange an, den Weg anderer und den Vorsprung anderer dir gegenüber anzuerkennen, während du in deinem eigenen Tempo deinen Weg gehst! Hierzu erhältst du eine Übung.

Übung

Notiere dir die Namen der Personen, auf die du neidisch bist, und schreibe dir drei Gründe auf, warum du auf diese Personen nicht neidisch sein solltest. Beispielsweise solltest du auf eine Person in deinem Betrieb, die eine deutlich höhere Position hat als du, vielleicht deswegen nicht neidisch sein, weil diese Person zehn Jahre länger als du im Betrieb ist. Manchmal gibt es mehrere höchst offensichtliche Gründe, weswegen der Neid abgelegt werden sollte. Die Erkenntnisse aus dieser Übung helfen dir bestenfalls dabei, zu erkennen, dass dein Neid irrational ist, woraufhin du ihn leichter ablegen kannst.

Zurück von deinem eventuellen Neid zu dem anderer Personen, den du früher oder später als Alpha-Mann erfahren wirst: Es sollte nicht dein Problem sein, dass eine Person neidisch auf dich ist. Neid ist primär das Leid jener Person, die ihn emittiert. Falls du über den Neid einer dir nahestehenden Person enttäuscht bist, ist dies dein gutes Recht. Lasse dich aber bitte dadurch nicht davon abbringen, deinen Weg zum Alpha-Mann mit der erforderlichen Konsequenz zu beschreiten.

Fokussiere dich stets auf deine Ziele sowie deinen angestrebten Alpha-Mann-Status, denn am Ende deines Weges wirst du merken: „Den Neid der anderen und die sonstigen negativen Emotionen der anderen Personen zu ignorieren, hat sich gelohnt, denn nun stehe ich da, habe mein Ziel erreicht und fühle mich wahnsinnig gut!"

Übereifrigkeit

„Der Ehrgeiz eines Mannes sollte nie seinen
Wert übersteigen."
- John Wick: Kapitel 4

Motivation ist gut. Eine zu hohe Motivation birgt allerdings das Risiko des Scheiterns. Bei einer zu hohen Motivation wäre es denkbar, dass du dir zu ambitionierte Ziele setzt, diese gar nicht im angepeilten Zeitraum erreichen kannst, nicht wie geplant vorankommst und schließlich aufgrund schnell schwindender Motivation aufgibst.

Auf welche Weise du dich auch übernimmst: Es hindert dich daran, auf deinem Weg zum Alpha-Mann effizient voranzukommen. Daher ist es wichtig, dass du deine Ziele stets realistisch festlegst und dadurch die Weichen für eine motivierte und geordnete Entwicklung stellst. Das obige Zitat weist darauf hin, was ein entscheidendes Kriterium für eine realistische Zielsetzung ist: Du solltest bei deinen Planungen immer berücksichtigen, von wo aus du startest. Der Startpunkt wird im oberen Zitat als „Wert" bezeichnet – das ist so zu deuten, dass du gewisse Voraussetzungen mitbringst und diese nicht zum Erreichen aller Ziele genügen. Setzt du deine Ziele zu hoch, dann läufst du Gefahr, zu scheitern, denn deine Fähigkeiten reichen zum Erreichen der Ziele prinzipiell nicht aus.

Glücklicherweise entwickelst du dich allmählich weiter und bist irgendwann imstande, jedes noch so ambitionierte Ziel zu erreichen. Lasse dir daher nie von jemandem einreden und rede dir auch nicht selbst ein, dass du etwas generell nicht erreichen kannst. Vielleicht kannst du es in nächster Zeit nicht erreichen, aber wenn du dich schrittweise weiterentwickelst, liegt vieles im Laufe der Monate, Jahre und Jahrzehnte im Rahmen des Machbaren.

Übung

Überlege dir, was das ambitionierteste Ziel ist, das du hast. Im Idealfall ist es ein Ziel, das du nicht zeitnah erreichen kannst und dessen Erfüllung erst in einigen Jahren möglich ist. Nun schreibst du dir auf, welche kleineren Ziele du Schritt für Schritt erreichen musst, um das große Ziel zu schaffen. Unterteile deinen Weg bis zum großen Ziel in einzelne Etappenziele. Dies ist eine äußerst bekannte Übung, die dir bei realistischen Zielsetzungen hilft.

Kleinere Ziele können dem Erreichen eines großen Ziels dienen. Indem du die kleineren Ziele schrittweise abarbeitest, registrierst du deine Fortschritte besser. Stets nur die großen Endziele vor Augen zu haben, ist in deinem Leben nicht hilfreich. Abgesehen davon, dass du lange auf die Ziele hinarbeitest sowie die kleinen Fortschritte nicht siehst, läufst du Gefahr, bei großen Zielsetzungen übereifrig zu werden – doch Übereifrigkeit ist ein negativer Einfluss auf deinem Weg zum Alpha-Mann. Unterteile große Ziele daher immer in Etappenziele.

Der Alpha-Mann erreicht seine Ziele nicht durch Übereifrigkeit, sondern durch die konsequente Einhaltung eines individuellen und für sich maßgeschneiderten Plans. Obwohl der Alpha-Mann in der Regel kein überwältigendes Tempo beim Erreichen seiner Ziele an den Tag legt, wirkt es auf die Menschen eventuell so. Denn selbst das Erreichen von Zielen in einem gemächlichen Tempo ist heute keineswegs mehr die Norm, weil die wenigsten Leute ihre Ziele konsequent verfolgen. Sei also ganz entspannt bei deiner Zielsetzung und plane die eine oder andere Verzögerung ein – dann wirst du deine Etappenziele aller Voraussicht nach reibungslos erreichen. Dies wird dir bei der Selbstverwirklichung helfen und die Menschen in deinem Umfeld höchstwahrscheinlich noch beeindrucken.

Zusammenfassung

Der Alpha-Mann lebt von seinem Charakter. Diesen Charakter formt er, indem er festen Regeln und seinem eigenen Willen folgt. Beispiele für feste Regeln sind die Werte, die der Alpha-Mann definiert. Hierzu gehören vor allem Authentizität, Respekt, Gutmütigkeit, Empathie sowie Loyalität. Auf diesen Werten basierend, gelingt es dem Alpha-Mann bestmöglich, nicht nur sich selbst weiterzuentwickeln, sondern auch ein funktionierendes soziales Umfeld aufzubauen, in dem sich sämtliche Personen gegenseitig ein positives Gefühl geben.

Das soziale Umfeld nimmt im Leben des Alpha-Mannes eine Schlüsselrolle ein, denn es spendet ihm die Wertschätzung, die er benötigt, um seinen Alpha-Mann-Status zu zementieren und weiter auszubauen. Doch obwohl der Alpha-Mann auf sozialen Zuspruch angewiesen ist, lässt er sich nicht fremdsteuern: Er tut das, was seinen Wünschen und Zielen entspricht – auch dann, wenn er dafür zunächst kein Verständnis aus seinem sozialen Umfeld erntet. Je konsequenter der Alpha-Mann seinen Zielen folgt und je mehr ihm diese am Herzen liegen, desto mehr Erfolge wird er erzielen und spätestens dann den gewünschten Zuspruch aus seinem Umfeld erfahren.

Obwohl ein großer Fokus auf dem Aufbau eines sozialen Umfelds liegt, nimmt der Alpha-Mann auch seine eigenen Fähigkeiten und Kenntnisse wahr. Er lernt, diese selbst wertzuschätzen, und begreift sich selbst als eine Person, die auf ihre eigene Art und Weise ein Unikat ist. So entwickelt er ein gesundes Maß an Selbstbewusstsein, mit dessen Hilfe er seine Fähigkeiten und Kenntnisse mit mehr Zuversicht und Motivation ausbauen kann.

1. Säule: Werte definieren und Charakter positiv entwickeln

Für deinen Weg zum Alpha-Mann ist es essenziell, eine klare Richtung zu haben. Dieser Ratgeber kann dir nicht eindeutig vorschreiben, was du zu tun hast, sondern dir nur beim Finden eines individuellen Weges helfen. Aber in einem Punkt ist es zumindest ein Stück weit möglich, dir eine konkrete Richtung vorzugeben: bei der positiven Entwicklung deines Charakters. Es gibt gewisse Werte, die allgemein positiv sind und dir sowohl in deiner persönlichen Weiterentwicklung als auch in der Interaktion mit anderen Menschen helfen.

- Authentizität
- Respekt
- Gutmütigkeit
- Empathie
- Loyalität

Folgende Inhalte werden dir dabei helfen, nachzuvollziehen, wieso du dir diese Werte aneignen und ihnen konsequent folgen solltest. Zudem wirst du anhand von Übungen deren Umsetzung in deinem sozialen Umfeld praktizieren können. Mit der Zeit werden dir die Werte helfen, ein sehr starkes soziales Umfeld mit einem hohen Maß an Ehrlichkeit, Zusammenhalt sowie gegenseitiger positiver Beeinflussung aufzubauen. Leute, auf die man sich verlassen kann und die sich auf einen selbst verlassen können – das ist die Basis für einen Alpha-Mann. Eventuell gelingt es dir sogar, dir ein solches Umfeld aufzubauen, dass du allein durch dessen positiven Einfluss zunehmend zu einem Alpha-Mann gepusht wirst? Probiere es aus!

I. Authentizität

„Es ist nie zu spät, so zu sein,
wie man es gerne gewesen wäre.“
- George Eliot (1819–1880)

„Authentisch zu sein, bedeutet, sich gemäß seinem ‚wahren Selbst‘, d. h. seinen Gedanken, Emotionen, Bedürfnissen, Werten, Vorlieben, Überzeugungen etc. entsprechend auszudrücken und zu handeln (Harter, 2002).“ (Emmerich & Rigotti, 2022) Dieser erste Wert, den du für dich festlegst, fördert langfristig dein Wohlbefinden und verhilft dir zur Schaffung eines Umfelds, in dem du dich wohlfühlst. Wenn du authentisch bist, dann verstellst du dich nicht, um anderen zu gefallen oder um ein bestimmtes Ziel leichter zu erreichen. Bei einer hohen Authentizität bleibst du stets du selbst und stehst zu dem, was du bist, wie du handelst und wie du denkst. Menschen, die sich in einem Umfeld unsicher fühlen, neigen zu mangelnder Authentizität.

Beispiel: Probleme durch mangelnde Authentizität

Beispiel

Stell dir vor, dass du in einer Gruppe mit Personen sitzt, die schon viel auf der Welt herumgereist sind und sich über die verschiedensten Reiseziele und ihre Erlebnisse unterhalten. Du hingegen bist kaum gereist und warst den Großteil deines Lebens in Deutschland. Schnell merkst du, dass du in der Gesprächsrunde wenig beitragen kannst. Du versuchst, so zu tun, als wärst du an bestimmten Orten gewesen, aber fühlst dich bei Nachfragen nach deinen Erlebnissen immer wieder unsicher und gerätst ins Schwitzen, weil jemand deiner Lüge auf die Schliche kommen könnte.

So wie in diesem Beispiel kann es laufen, wenn man sich verstellt. Wenn jemand nachhakt und deine Lüge aufzufliegen droht, fühlst du dich stets wie mit der sprichwörtlichen Pistole auf der Brust. Du erfindest Lügengeschichten und musst dich genau an jeden Wortlaut erinnern, damit du sie korrekt wiedergibst und sich deine verschiedenen Aussagen bloß nicht widersprechen. Das ist denkbar schwer. Du wirst dich auf lange Sicht nicht wohlfühlen, wenn du dir aus Lügen ein Umfeld zusammenbaust. Schlimmstenfalls wird es wie ein Kartenhaus wackeln und irgendwann zusammenbrechen, sobald die ersten Personen merken, dass du sie angelogen hast, und sich von dir distanzieren.

Das braucht es nicht! Ein Alpha-Mann zeichnet sich dadurch aus, dass er ein solides und beständiges Umfeld hat, weil er es sich mit aller Ehrlichkeit aufgebaut hat. Hierbei gibt er offen zu, wenn er ein bestimmtes Thema nicht versteht, gewisse Erfahrungen nicht gemacht oder anderweitige Defizite hat. Um auf das vorherige Beispiel zu sprechen zu kommen: Was hätte denn dagegen gesprochen, einfach zuzugeben, dass du noch nicht gereist bist? Dann hättest du womöglich keine erfundenen Geschichten von erfundenen Reisen teilen, aber nach wie vor aufmerksam zuhören und Fragen stellen können. In der Rolle des weniger Erfahrenen ist es genauso möglich, durch Fragen am Gespräch teilzunehmen, Ideen einzubringen, Witze zu reißen oder von passenden Erlebnissen daheim zu erzählen.

Das erreichst du durch authentisches Verhalten!

Gewöhne dir an, stets offen zu kommunizieren, solange du damit keinen Menschen verletzt oder dich selbst in Gefahr bringst. Indem du offen und ehrlich bist, ergeben sich vielleicht Chancen auf neue Gesprächsthemen und Aktivitäten in deinem Umfeld. Udo Jürgens sang in seinem Lied Paris, einfach so nur zum Spaß (1980) von einem Mann, der mit seiner Ehe unzufrieden war und in der Zeitung ein Inserat veröffentlichte, um nach einer neuen weiblichen Begleitung für eine Reise nach Paris zu suchen. Eine Frau antwortete und zu seinem Erstaunen stellte er fest, dass es seine Ehefrau war. Offenkundig hatten beide sich in ihrer Ehe vorgemacht, glücklich zu sein, doch sie waren es nicht. Zudem haben sie sich gegenseitig verschwiegen, dass sie Lust aufs Reisen und auf Abenteuer haben. Hätten sie ihr Befinden offen besprochen und sich nicht voreinander versteckt, dann wäre es gar nicht erst dazu gekommen, dass beide versuchen, heimlich zu verreisen.

Authentizität ist in jedem sozialen Umfeld von Vorteil. Das Gute ist: Wenn du mit ehrlichen Worten vorlegst und auch unangenehme Themen ansprichst, fällt die Wahrscheinlichkeit höher aus, dass auch die anderen Personen bereit sind, authentisch zu sein. So kann sich auf deine Initiative ein offenes und ehrliches gesamtes Umfeld etablieren, in dem sich du und deine Mitmenschen wohlfühlen.

Kommt es vermehrt zu starken Meinungsverschiedenheiten, was durchaus möglich ist, kann Authentizität dazu verhelfen, dass du und eine andere Person euren Kontakt eindämmt oder komplett abbrecht, weil ihr merkt, dass ihr euch nicht mehr so gut wie früher versteht. Das ist allerdings nichts Schlimmes, denn eine falsche Freundschaft oder eine mit Mühe aufrechterhaltene Beziehung ist meist für beide Seiten schädlich.

Übungen für mehr Authentizität

Da nun der Nutzen eines authentischen Verhaltens klar sein dürfte, kommt die Frage auf: Wie wirst du zu einem Alpha-Mann, der sich nicht verbiegen lässt und sich offen zu dem bekennt, was er denkt, was er mag oder nicht mag, wie er handelt und auch sonst ehrlich ist? Hierzu erhältst du zum Abschluss drei Übungen, mit deren Hilfe du deine Authentizität üben kannst.

- Stelle eine Liste mit fünf Themen zusammen, bei denen du bislang nicht authentisch warst. Gehe auf die Personen zu, denen gegenüber du nicht ehrlich warst, und erläutere deine eigentliche Sichtweise. Suche für diese Übung Themen aus, bei denen du es dir zutraust, zuzugeben, dass du nicht ehrlich bzw. authentisch warst.
- Nimm dir jede Woche mindestens einmal für 30 Minuten Zeit, um dir ein Gespräch vorzustellen, bei dem du nicht gut mitreden kannst, weil du anderer Ansicht bist. Notiere dir zu jedem Gespräch, das du dir vorstellst, drei verschiedene Antworten, wie du authentisch deine gegensätzliche Sichtweise schildern könntest, ohne dabei andere Personen zu verletzen oder eine Streitigkeit zu provozieren.
- Versuche, mit den Personen in deinem Umfeld häufiger über Themen zu sprechen, bei denen du dich unsicher fühlst und die dir wenig sagen. Stelle dabei mutig Fragen und schaue, ob du für das jeweilige Thema ein Interesse bei dir erweckst. Vielleicht wirst du merken, dass es einigen Personen gefällt, dass du sie wegen etwas fragst, was dich bisher nicht interessiert hat.

II. Respekt

„Respektlosigkeit ist eines der
Selbstbehauptungsmittel des kleinen Mannes."
- Rupert Schützbach (1933)

Der Begriff Respekt wurde im Französischen als „respect" erstmals in einer Bedeutung verwendet, die der heutigen Bedeutung nahekommt. Unter „respect" verstand man eine bestimmte Form der Hochachtung gegenüber Personen – eine Form, die über die bloße Wahrnehmung der Personen hinausgeht. Es gibt einen Begriff, der die ursprüngliche Bedeutung des Respekts treffend beschreibt und den du in diesem Ratgeber bereits als wichtiges Bedürfnis des Alpha-Mannes und jedes anderen Menschen kennengelernt hast: Wertschätzung.

Respekt vor einem Menschen zu haben, geht damit einher, diesen wertzuschätzen. Dies bedeutet zunächst einmal, ihn ungeachtet seines Alters, seiner Kultur, seines Geschlechts und seiner Einstellung zu akzeptieren. Allerdings bildet Akzeptanz lediglich die erste Stufe von Respekt und es darf gern etwas mehr sein als das: Respekt in einer höheren Stufe bedeutet, dass man besondere, positive Merkmale eines Menschen wahrnimmt und diesem Anerkennung zollt. Das ist die Stufe des Respekts, die du selbst gern von anderen entgegengebracht bekommen möchtest und die du anderen Menschen daher schenken solltest.

Eine Stufe höher, als soeben beschrieben, ist der Respekt kein gutes Merkmal mehr: Dann nämlich nimmt er übertriebene Züge an und kann sich in Form von Angst, Einschüchterung und Unterwerfung äußern. Bestimmt hast du schon einmal folgende Formulierung gehört: „Ich habe absoluten

Respekt vor dieser Prüfung." Eine solche Formulierung signalisiert, dass man sich darum sorgt, eventuell zu scheitern, weil die Prüfung besonders anspruchsvoll ist. In der Angst, Einschüchterung oder Unterwerfung anderer soll dein Weg zum Alpha-Mann jedoch nicht enden, daher befasst du dich im Folgenden mit dem Respekt der Stufe „Wertschätzung", „Anerkennung" und „Lob".

Sicher bringen dir einige Personen bereits einen solchen Respekt entgegen. Du kannst diesen Respekt von weiteren, zusätzlichen Personen erhalten, sofern du besondere Qualitäten hast und dadurch auf dich aufmerksam machst. Beispielsweise könntest du dir bei deiner Arbeit den Respekt deiner Kollegen und deines Arbeitgebers durch gute Leistungen verdienen. Oder du schreitest in einer bedrohlichen Situation ein und beschützt ein Kind, wodurch du Selbstlosigkeit und Mut beweist. Abgesehen davon gibt es eine besonders wichtige Methode, um respektvolles Verhalten von anderen entgegengebracht zu bekommen: Diese besteht darin, in Vorleistung zu gehen und zunächst selbst anderen Menschen respektvoll gegenüberzutreten.

Solange du Personen nicht näher kennengelernt hast, solltest du ihnen mit Respekt begegnen. Jede Person hat diesen Respekt verdient, solange sie nichts Schwerwiegendes anstellt, was sie den Respekt kostet. Doch selbst dann, wenn die Person sich asozial verhält oder fragwürdige Aussagen von sich gibt, solltest du nicht darauf erpicht sein, sie respektlos zu behandeln, sondern ihr klar widersprechen oder dich von ihr distanzieren. Respektlosigkeit oder auch mangelnder Respekt sind äußerst harte Maßnahmen, von denen man nie Gebrauch machen sollte, weil diese äußerst stark auffallen und auch dann, wenn man im Recht ist, die Meinung anderer über einen selbst negativ beeinflussen können.

Beispiel: Probleme durch mangelnden Respekt

> ***Beispiel***
>
> Du beobachtest einen Notfall, bei dem eine Person um ihr Leben ringt. Die Rettungssanitäter sind bereits vor Ort, was die Sache für dich noch „interessanter" macht. Mit deinem Smartphone gehst du näher ans Geschehen heran und filmst es. Die Personen im Umfeld schauen dich entrüstet an und schütteln den Kopf. Jemand filmt dich bei deiner Aktion und stellt das Video von dir später online. Deine Freunde, Bekannten und sogar dein Arbeitgeber erkennen dich auf dem Video und missbilligen, was du getan hast. Dein Arbeitgeber stellt dich sogar auf den Prüfstand – deine berufliche Situation verschlechtert sich.

Dabei handelt es sich um ein relativ extremes Beispiel für Respektlosigkeit, doch zu Fällen wie diesen kommt es immer wieder. Regelmäßig ist in den Medien von Gaffern zu hören, die das tragische Schicksal anderer Personen fasziniert und die dadurch jedwede Würde und Respekt vermissen lassen. Was äußerst interessant ist, ist die Tatsache, dass nicht nur Einzelpersonen so vorgehen, sondern auch die Medien selbst. So führt Dr. Jürgen Fleig in seinem Blogbeitrag Regeln für den respektvollen Umgang miteinander (2022) aus:

> „Die Medien nutzen Einzelschicksale für Quote und Auflage, ohne den Menschen, sein Leid und seine Ängste zu respektieren. So wird den Medienkonsumenten vermittelt: Respekt ist nicht nötig."

Es ist ein interessanter Gedankengang, dass die Medien einen Einfluss auf den Mangel an Respekt nehmen könnten. Bei einem Blick auf die Schlagzeilen der Nachrichtenmagazine wird deutlich, dass dem durchaus so sein könnte. Die Medien und Journalisten lassen sich häufig an Einzelschicksalen von Prominenten aus und thematisieren das Leid drogen- oder alkoholabhängiger ehemaliger Stars, die tief gefallen sind – kein Thema ist zu privat, um eine hohe Auflage sowie hohe Verkaufszahlen zu erzielen! Durch den mangelnden Respekt sind Medien und Journalisten schlechte Vorbilder, was ein eindeutiges Problem ist: Denn durch ihren starken Einfluss aufgrund ihrer hohen Reichweite verbreitet sich die Botschaft des mangelnden Respekts weiter.

Wie fatal mangelnder Respekt werden kann, zeigt sich bei einem Blick auf weitere Fälle:

- Ein respektloser und sexualisierter Umgang mit Frauen kann Männer den Job und die Reputation kosten.
- Das Gaffen und Filmen an Unfallstellen ist im Prinzip eine Straftat, die mit hohen Geldbußen geahndet werden kann.
- Respekt hat zudem in anderen Kulturen einen derart hohen Stellenwert, dass ein Mangel an Respekt gegenüber einigen Personen zu kritischen Situationen führen kann, die in Gewalttaten eskalieren.

Das erreichst du durch respektvolles Verhalten!

Dass mangelnder Respekt dir dabei im Wege stehen kann, ein funktionierendes soziales Umfeld aufzubauen, dürfte nach den geschilderten Beispielen nur allzu deutlich sein. Zudem wirst du es schwer haben, Respekt von anderen zu erhalten, wenn du selbst nicht respektvoll bist. Deshalb ist die Marschroute für dich klar: Respektiere andere und du wirst respektiert werden!

Führt man sich vor Augen, dass es heutzutage nicht einmal mehr in den Medien die Norm ist, Respekt vor Schicksalen und Einzelpersonen zu zeigen, dann dürfte dir schnell klar werden, dass du als respektvolle Person sogar die Aussicht hast, aus der Menge positiv hervorzustechen. Tatsächlich ist es möglich, dass du auf lange Sicht durch dein respektvolles Verhalten mehr Eindruck bei den Mitmenschen erregst als der begnadete Sportler, der sich gegenüber anderen Personen leider nicht respektvoll präsentiert. Es ist also an der Zeit und definitiv die kleine Mühe wert, sich einige Übungen anzusehen, mit denen du anderen bestmöglichen Respekt zollst, um von diesen ebenfalls Respekt entgegengebracht zu bekommen.

Übungen für mehr Respekt

Respekt hat oft etwas damit zu tun, sich in die Lage einer anderen Person hineinzuversetzen sowie die Welt durch ihre Augen zu sehen – zumindest so weit, wie es möglich ist. Da du dich in die Lage der Person hineinversetzt und dir ernste Gedanken darüber machst, unter welchen Umständen sie lebt, betrachtest du sie nicht mehr oberflächlich. Du erlangst dadurch die Chance, über die Person so nachzudenken, wie du es zuvor noch nie getan hast. Dies eröffnet dir neue Blickwinkel, um der Person mehr Respekt als zuvor entgegenzubringen. Folgende drei Übungen weisen dir einen Weg dazu, dich intensiver mit den Menschen in deinem Umfeld zu befassen, um ihnen noch respektvoller zu begegnen.

- Auch wenn davon auszugehen ist, dass du Familienmitglieder und Freunde wertschätzt und ihnen bereits respektvoll begegnest, kann es durchaus sein, dass du nicht weißt, wieso du sie wertschätzt. Fange daher zunächst in deinem engsten Bekannten-, Freundes- und Familienkreis damit an, dich öfter in die Lage der Personen hineinzuversetzen: Was bereitet ihnen Sorgen? Wieso strengen sie sich bei gewissen Dingen so stark und bei gewissen Dingen überhaupt nicht an? Was ist an ihnen so besonders, dass du gern Zeit mit ihnen verbringst? Fragen wie diese solltest du dir stellen. Die Antworten zeigen dir, wie einzigartig und besonders die Personen in deinem Umfeld sind und wieso du sie wertschätzen solltest.

- Mache dir Gedanken über bis zu drei Personen, mit denen du des Öfteren zu tun hast, aber mit denen du dich nicht gut verstehst. Stelle dir die Frage, was an diesen Personen besonders ist und was sie gut beherrschen. Diese Überlegungen zeigen dir auf, dass sogar Personen, mit denen du dich nicht gut verstehst, deinen Respekt verdienen. Womöglich stellst du im Zuge deiner Überlegungen sogar fest, dass du dich mit den besagten Personen deswegen nicht gut verstehst, weil sie so erfolgreich sind und dir viel Respekt abnötigen? In diesem Fall solltest du auf diese Personen zugehen und versuchen, von ihnen zu lernen.
- Stelle deine Emotionen hintan: Denke an einige Streitgespräche aus den letzten Wochen oder Monaten zurück, an die du dich gut erinnern kannst. Oftmals kochen beim Streit die Emotionen hoch und verhindern es, sich sachlich mit einem Thema zu befassen. Dann kann es zu Respektlosigkeiten kommen. Versuche, über die jeweiligen Streitthemen nachzudenken, und notiere dir alle nicht emotionalen Argumente, die dir zu den jeweiligen Themen einfallen. Solltest du merken, dass du anderen Personen gegenüber unfair warst, weil die Emotionen dich beim Streit geblendet haben, dann melde dich bei den entsprechenden Personen und entschuldige dich. Denn Respekt lässt sich auch im Nachhinein zeigen!

Übung

Eine vierte Übung, die ganz simpel umsetzbar ist: Respekt spiegelt sich auch in äußeren Umgangsformen wider. Sieze daher Personen, die erwachsen sind und die du nicht kennst. Achte zudem darauf, Menschen beim Reden aufmerksam zuzuhören und sie anzusehen. Berücksichtige überdies deine Mimik und vermeide es, wenn du eine andere Meinung hast, sofort eine angewiderte oder anderweitig extrem ablehnende Mimik zu zeigen.

III. Gutmütigkeit

„Ich habe versucht, das Leben gut zu behandeln,
und es hat mich belohnt. Denn das Leben erwidert
unweigerlich Lächeln mit Lächeln, Tritt mit Tritt."
- Prentice Mulford, US-amerikanischer
Journalist (1834–1891)

Gutmütigkeit ist eine Charaktereigenschaft, die sogar der Begründer des Alpha-Mann-Begriffs als wesentlich hervorgehoben hat, um Ansehen zu erhalten sowie Wohlwollen entgegengebracht zu bekommen. Schlägt man die Bedeutung des Begriffs „gutmütig" auf nach, so stechen sowohl positive als auch negative Beschreibungen ins Auge: „freundlich, Streit vermeidend, die Wünsche anderer gerne erfüllend; auch: sich viel gefallen lassend."

Tatsächlich kommt es des Öfteren vor, dass sich gutmütige Personen viel gefallen lassen und nicht deutlich machen, wenn ihnen das Verhalten anderer nicht passt. So wird die Gutmütigkeit zum zweischneidigen Schwert: Einerseits bekommst du das Wohlwollen einiger Menschen entgegengebracht, weil diese dir deine Gutmütigkeit hoch anrechnen. Andererseits wirst du von anderen ausgenutzt, denn schließlich bist du äußerst hilfsbereit und erwartest keine Gegenleistung für deine Hilfe. Damit es nicht dazu kommt, dass die Gutmütigkeit zu einem zweischneidigen Schwert wird, sondern du dir ein angenehmes Umfeld mit gegenseitiger Hilfsbereitschaft aufbaust, erwarten dich im Folgenden nähere Informationen sowie ein paar Übungen zur Gutmütigkeit.

Richtig umgesetzt, sichert dir die Gutmütigkeit mehrere Vorteile. Beispielsweise kannst du dich auf die Unterstützung von anderen Menschen verlassen, denn je mehr Menschen du hilfst, umso höher ist die Wahrscheinlichkeit, dass dir geholfen wird. Wie hoch die Wahrscheinlichkeit ausfällt und ob die Hilfe der anderen im Verhältnis zu deinem Aufwand steht, den du eingehst, wenn du den Menschen hilfst, ist fürs Erste unwichtig. Hier geht es zunächst um die Logik: Je mehr Menschen du hilfst, desto eher wirst du eine Gegenleistung bekommen. Besonders interessant – hierzu wirst du in den nächsten Abschnitten die Ergebnisse einer Studie als Beispiel erhalten – ist die Tatsache, dass du nicht nur dadurch Vorteile schöpfst, wenn andere Personen dir helfen. Auch wenn du anderen Menschen hilfst, generierst du Vorteile, weil du höchstwahrscheinlich im Zuge der Hilfestellung neue Dinge lernst. Womöglich entwickelst du dadurch neue Interessen, die du vertiefst. So wirst du ein vielseitiger Alpha-Mann.

Beispiel: Probleme durch mangelnde Gutmütigkeit

> ***Beispiel***
>
> Ein Arbeits- oder Studienkollege von dir ist neidisch auf dein gutes Aussehen und deine guten Leistungen bei der Arbeit bzw. im Studium. In verschiedenen Situationen führt er provokante Äußerungen an und versucht, dich im schlechten Licht dastehen zu lassen. „Ich habe alle Trümpfe in der Hand, weil ich ein Alpha-Mann bin", denkst du dir und spielst diese Trümpfe aus. Mit wenigen Sätzen hebst du hervor, wie viel besser und beliebter du bist. Du zerfetzt mit deinen Bemerkungen das ohnehin schon schlechte Selbstvertrauen deines Gegenübers. Das kommt in deinem Umfeld nicht gut an. Die anderen hatten ohnehin bereits Mitleid mit der Person und nun haben sie noch mehr Mitleid mit ihr. Du hingegen bist als herzlose Person gebrandmarkt.

Im Leben kommt es nicht darauf an, seine Trümpfe auszuspielen und dadurch vermeintliche Feinde oder missgünstige Personen, die ohnehin schon am Boden sind, noch stärker hinunterzudrücken. Der Alpha-Mann hat es nicht nötig, Streitigkeiten anzuheizen oder eskalieren zu lassen, indem er seinem Gegenüber aggressiv begegnet. Stattdessen ist der Alpha-Mann darauf bedacht, zu deeskalieren. Ungeachtet dessen, wie andere dich behandeln, solltest du dir überlegen: Was könnten die tiefergehenden Gründe dafür sein? Vielleicht hat dein Gegenüber gerade eine schwere Lebensphase und lässt bei dir Dampf ab? Das ist zwar nicht gut von ihm, jedoch zeigt es, dass er nicht zwingend aus purer Boshaftigkeit schlecht über dich redet.

Die Gründe für menschliches Verhalten sind vielschichtig. Von wenig verständlichen Motiven für schlechtes Verhalten bis hin zu völlig nachvollziehbaren Motiven ist die Bandbreite weit. Deine Aufgabe ist es, die Situation richtig einzuschätzen: Da du selten das Motiv für das Verhalten einer Person kennst, solltest du auf Nummer sicher gehen – und sofern die Person dich durch ihre Worte nicht gefährdet oder absolut rufschädigende Gerüchte über dich streut, solltest du dich stets zurückhaltend präsentieren. Viel mehr noch: Zeige Größe und versuche, die Person ruhig darauf anzusprechen, wieso sie sich dir gegenüber negativ verhält. Versuche, ihr bei Gelegenheit bei Kleinigkeiten zu helfen. Da du die Motive der Person für ihr schlechtes Verhalten nicht kennst, solltest du nicht zu gutmütig sein, aber wenn sich einmal die Gelegenheit ergibt, ihr etwa einen schweren Gegenstand abzunehmen oder beim Tragen zu helfen, solltest du dies tun – denn der Aufwand ist gering, aber die Geste zeugt angesichts eures angespannten Verhältnisses von Größe.

Um von dem Beispiel aus weiterzugehen: Es muss nicht sein, dass eine Person sich dir gegenüber schlecht verhält. Auch bei einem neutralen oder positiven Verhalten gilt die Devise der Gutmütigkeit. Ist eine Person dir gegenüber neutral oder nett, kannst du ihr ruhig wesentlich gutmütiger begegnen als einer Person, mit der du ein angespanntes Verhältnis hast. Spontan mal beim Umzug helfen oder ihr an einem Tag eine Schicht bei der Arbeit abnehmen? Das ist durchaus angemessen, wenn du selbst die Zeit dafür hast.

Letztlich ist genau das die Kunst dabei, wenn du Gutmütigkeit richtig umsetzen möchtest: Es geht nie darum, sich für andere Personen zu zerreißen und einen hohen Aufwand hinzunehmen. Die Kunst besteht vielmehr darin, das Ausmaß an Gutmütigkeit an das Verhältnis zur Person anzupassen. Bei Personen, die du länger kennst, solltest du dir zudem die Frage stellen, ob sie dir durch Gegenleistungen ebenfalls helfen. Keinesfalls darf Gutmütigkeit zu einer Einbahnstraße werden, bei der immer nur du anderen hilfst. Das Gleiche bezieht sich auch auf Gespräche mit Menschen, denn Gutmütigkeit äußert sich nicht nur in Taten, sondern ebenfalls im Gesagten: Falls du merkst, dass andere Personen dich fast ausschließlich kritisieren und wenige positive Worte für dich übrig haben, ist die Wahrscheinlichkeit hoch, dass du es mit einer toxischen Person zu tun hast, die dich ausnutzt oder dir zumindest nicht so gutmütig begegnen möchte wie du ihr. Bei solchen zwischenmenschlichen Beziehungen ist es sinnvoll, den Kontakt abzubrechen oder mit der Person ein klärendes Gespräch darüber zu führen, dass du dich von ihr schlecht behandelt fühlst. Achte auf folgende sechs Anzeichen, um zu prüfen, ob du Menschen in deinem Umfeld hast, denen gegenüber du zu gutmütig bist und die auf dich einen schlechten Einfluss ausüben:

I. Du solltest das Gefühl haben, dass du dich anderen genauso mitteilen kannst wie sie sich dir; Kommunikation über Probleme sollte keine Einbahnstraße sein, bei der sich nur andere darüber auslassen können, was ihnen an ihrem Leben nicht gefällt.
II. Werden beim Verhalten oder beim Reden dir gegenüber Grenzen überschritten, bei denen du sagst: „Das war jetzt zu viel für mich"? Falls ja, dann stelle deine Grenzen umgehend klar. Kann die andere Person diese nicht nachvollziehen, muss sie Argumente dafür haben. Ungeachtet dessen, ob deine Grenzen sinnvoll sind oder nicht: Sie müssen respektiert werden!
III. Denke nur in Ausnahmefällen zuerst an andere! Geht es einem sehr guten Freund oder einer sehr engen Freundin äußerst schlecht, kannst du dich natürlich an dem entsprechenden Tag primär nach deren Bedürfnissen richten. Doch im Normalfall gilt: Deine Bedürfnisse stehen an erster Stelle. Bei der Interaktion mit anderen Menschen solltest du natürlich nicht zu egoistisch und stattdessen kompromissbereit sein,

aber bei den Kompromissen sollten deine Wünsche nicht auffällig häufig zu kurz kommen.

IV. Versteckst du deine Emotionen? Tu das nicht! Sie sind trotzdem da und werden schlimmstenfalls irgendwann unkontrolliert ausbrechen. Teile Personen dein Befinden mit, sofern du sie lange genug kennst und sie sich dein Vertrauen verdient haben. Wenn die Personen dich nicht ernst nehmen, solltest du zunächst auf Abstand gehen.

V. Du hast Angst, Fehler zu machen, und richtest dich daher primär nach den Wünschen anderer? Das hat nichts mit Gutmütigkeit zu tun, sondern ist ein Verhalten, das durch Angst motiviert ist. Folgende Kapitel helfen dir dabei, mehr Selbstbewusstsein zu erlangen sowie verschiedene Fähigkeiten zu erweitern, sodass du schrittweise deine Angst ablegen wirst. Jedenfalls solltest du dich an dieser Stelle bereits fragen, ob nicht irgendetwas an der Beziehung zu einer Person falsch ist, wenn du ihr gegenüber Angst hast, Fehler zu machen.

VI. Der Aufwand, den du durch dein gutmütiges und verständnisvolles Verhalten an den Tag legst, übersteigt die Bemühungen deines Umfelds? Oder anders formuliert: Du bekommst für deine Gutmütigkeit kaum Gegenleistungen entgegengebracht? Das ist eindeutig ein Zeichen dafür, dass andere dich ausnutzen. Zwar müssen sich deine Bemühungen zur Gutmütigkeit und jene der anderen nicht die Waage halten, aber wenn du für andere ständig in die Bresche springst und dafür keine Gegenleistungen bekommst, handelt es sich eindeutig um ein negatives Anzeichen.

Gutmütigkeit darf weder durch Angst noch die Hemmung, deine Grenzen und Bedürfnisse mitzuteilen, motiviert sein.

Es ist wichtig, dass Gutmütigkeit deinem eigenen inneren Antrieb entspringt und klare Grenzen hat. Diese sollen dich davor bewahren, von deinem Umfeld ausgenutzt zu werden. Zudem solltest du alles in allem das Gefühl haben, dass deine Gutmütigkeit erwidert wird.

Das erreichst du durch gutmütiges Verhalten!

Die Ergebnisse einer Studie zeigen: Gutmütigkeit mag sich womöglich nicht kurzfristig lohnen, allerdings auf lange Sicht. Hierbei wird auf die Erkenntnisse einer Studie des Psychologen Adam Grant zurückgegriffen. Dieser führte unter Ingenieuren, Verkaufspersonal sowie Medizinstudierenden eine Studie durch, um herauszufinden, welche Personen ihre Ziele schneller erreichen. Dabei zeigte sich, dass Personen, die nett waren, in ihrem jeweiligen Berufsfeld am schlechtesten abschnitten; diese Personen werden in der Studie übrigens als „Geber" bezeichnet. Was aber ebenfalls äußerst interessant war: Die Geber bildeten nicht nur die 25 Prozent, die ihre Ziele am spätesten erreichten, sondern auch jene 25 Prozent, die im weiteren Verlauf ihrer Karriere am weitesten kamen. Auf der Suche nach einer Begründung für dieses Ergebnis ist anzunehmen, dass die Geber-Qualitäten dazu führen, dass man sich zwar länger mit der Hilfe für andere aufhält und seine Ziele zwischenzeitlich nicht so konsequent verfolgt wie Personen, die nur auf sich schauen. Dies zahlt sich jedoch langfristig aus, denn auf ihrem Weg lernen die Personen mit Geber-Qualitäten wesentlich mehr. Sie erwerben durch das große soziale Umfeld sowie im Zuge der Unterstützung für andere Personen zusätzliche Fähigkeiten und erreichen das Wohlwollen ihrer Kollegen, was ihnen zum Erreichen höherer Ziele verhilft. (FOCUS online, 2016) Diese Begründung ist insofern nachvollziehbar, als beispielsweise die Vergabe von Posten im Management von dem Ansehen unter den Mitarbeitern abhängt. Vorstandsposten werden sogar bei Wahlen vergeben und der Erhalt eines Vorstandssitzes hängt somit im Wesentlichen vom Ansehen im Kollegium ab.

Der Psychologe Adam Grant trifft im Kontext der Studie die Aussage: „Man lernt Neues, wenn man Menschen hilft, ihre Probleme zu lösen. [...] Und es gibt eine positive Seite des sozialen Kapitals, aber es passiert nicht gleich." (FOCUS online, 2016) Interessant ist diesbezüglich die Wahl des Begriffs „Kapital", denn eigentlich findet dieser Begriff im Finanzsektor Anwendung. Aus dem Finanzsektor ist zudem bekannt: Wer Investitionen tätigt und dabei eine möglichst sichere lukrative Rendite erwirtschaften möchte, legt das Geld am besten langfristig an. Ähnliches gilt offensichtlich auch für die Gutmütigkeit: Diese lässt sich vor allem als eine Geste und Charaktereigenschaft bewerten, die langfristig die meisten Vorteile erzielt.

Neues dazuzulernen und die Ziele vielleicht nicht schneller, aber dafür höhere Ziele zu erreichen – das sind einige der Hauptvorteile der Gutmütigkeit. Ob du diese Vorteile erzielst, lässt sich nicht garantieren – doch das ist kein Grund, um keine Gutmütigkeit an den Tag zu legen. Je öfter du gutmütig bist, desto wahrscheinlicher wird es, dass du Vorteile daraus ziehen wirst. Neben den benannten Vorteilen bringt dir die Gutmütigkeit den Vorteil, dass du Streitigkeiten und Eskalationen vermeidest, die in seltenen Fällen zu Gewalt sowie ernsten Feindschaften führen können.

Übungen für mehr Gutmütigkeit

Folgende Übungen umfassen nicht nur Ratschläge dazu, wie du anderen gegenüber mehr Gutmütigkeit praktizierst, sondern auch, wie du anderen deine Grenzen aufzeigst, falls du das bislang noch nicht getan hast. Letztlich geben dir die Übungen ohnehin nur eine pauschale und ungefähre Hilfestellung bei deinen ersten Schritten, denn eine ausgewogene Balance in der Gutmütigkeit mit einem Umfeld, bei dem sowohl du anderen als auch die anderen dir guttun, erlangst du im Laufe der Zeit am ehesten durch Erfahrungen und die richtigen Schlüsse aus diesen Erfahrungen.

So wirst du beispielsweise merken, dass bestimmte Personen dir weniger guttun, und den Kontakt zu ihnen eingrenzen. Bestimmt werden dir auch ein paar Fehler unterlaufen, bei denen du anderen Personen gegenüber zu gutmütig auftrittst und dich von diesen ausnutzen lässt. Das wirst du merken und die richtigen Schlüsse zur Optimierung daraus ziehen.

Nun ist es Zeit für die drei Übungen:

- Um selbst gutmütig zu sein: Reserviere dir pro Woche oder Tag ein bestimmtes Zeitfenster, um Personen zu unterstützen oder einfach nur Zeit mit ihnen zu verbringen. Versuche dabei, dich vor allem jenen Personen zu widmen, die du bisher vernachlässigt zu haben glaubst.
- Um Gutmütigkeit von anderen einzufordern: Wenn du das Gefühl hast, von anderen ungerecht behandelt zu werden, dich ihnen gegenüber ständig rechtfertigen zu müssen, von ihnen nicht ernst genommen zu werden, oder wenn ein anderes Missverhältnis vorliegt, dann sprich die Personen offen darauf an und versuche, die Gründe für ihr Verhalten aufzuklären. Falls du dir das nicht zutraust oder die Gespräche ohne Ergebnis bleiben, reduzierst du am besten den Kontakt zu diesen Personen und widmest dich mehr deinen bisherigen sozialen Kontakten oder suchst nach neuen sozialen Kontakten.
- Fürs Monitoring der Beziehungen: Nimm dir nach jedem Treffen mit einer Person kurz Zeit, um dir die Frage zu stellen, ob das gutmütige Verhalten von beiden Seiten ausgeht und du dich im regelmäßigen Umgang mit dieser Person wohlfühlst. Das regelmäßige Monitoring – also die Reflexion, ob dir der Kontakt zu bestimmten Personen guttut – hilft dir dabei, ein langfristig positives soziales Umfeld aufzubauen,

das auf gegenseitiger Hilfsbereitschaft, Freundlichkeit und guten Absichten beruht.

IV. Empathie

„Empathie heißt die Mutter aller
Betrachtungswinkel.“
- Thom Renzie, Autor (1959)

Du dürftest anhand der ersten drei vorgestellten Werte bemerkt haben, dass soziale Intelligenz und ein positives Verhalten gegenüber anderen auch dir selbst nutzen. Somit haben deine Charaktereigenschaften, von denen andere profitieren, ebenso Vorteile für dich und bringen dir somit unter egoistischen Gesichtspunkten einiges. Die Empathie ist ein Paradebeispiel dafür: Es gibt wohl kaum einen positiveren Charakterzug, von dem dein Umfeld profitiert und von dem gleichzeitig auch du selbst in hohem Ausmaß profitierst.

Das angeführte Zitat bringt einen wesentlichen Vorteil der Empathie auf den Punkt: Du nimmst, um anderen gegenüber empathisch zu sein, andere Betrachtungswinkel ein. Dies schärft dein Bewusstsein für andere Meinungen, Gefühlslagen und Denkweisen, was dir selbst einen weitreichenden Nutzen verschafft. Indem du andere Betrachtungswinkel einnimmst, kannst du nämlich nicht nur besser auf andere Menschen eingehen. Außerdem fällt es dir leichter, differenzierte Entscheidungen in Bezug auf dein eigenes Leben zu treffen.

Sich Empathie anzueignen, ist überdies ein erster Schritt auf dem Weg zur Selbstreflexion, die als dritte Säule wesentlich für den Alpha-Mann ist und im vierten Kapitel genauestens vorgestellt wird. Mit der Empathie eignest du dir letztlich mehrere weitere Fähigkeiten an, die dein Denken und Handeln bereichern werden. Was dir die Empathie ermöglicht und welche Vorteile sie dir insgesamt bringt – das ist Thema der nächsten Abschnitte.

Beispiel: Probleme durch mangelnde Empathie

> ***Beispiel***
>
> Stell dir vor, dass du dich mit einer Frau unterhältst. Sie gefällt dir, die ersten 30 Minuten des Gesprächs verlaufen super. Sie entspricht auch optisch deinen Vorstellungen einer Frau, die du gern als Freundin hättest. Eigentlich ist sie ein absoluter Volltreffer und du möchtest sie näher kennenlernen. Ihr unterhaltet euch also weiter. Du erfährst, dass sie Kunstgeschichte studiert, und fragst sie nach ihrem Lieblingsgemälde. Sie nennt es dir, doch nur zögerlich. Sie beginnt sofort ein anderes Thema, doch du hakst nach, wieso es ihr Lieblingsgemälde ist. Sie sagt, es sei egal, und wendet dabei den Blick ab. Du fängst an, dich zu beschweren, wieso sie sich „nur" wegen eines Gemäldes so verhält. Was du nicht weißt: Für sie ist es nicht nur ein Gemälde, sondern eine wichtige Erinnerung an ihren verstorbenen Vater, da sie das Gemälde mit einem besonderen Ereignis, das sie mit ihrem Vater erlebt hat, verknüpft.

Wärst du mit dieser Frau schon mehrere Monate in einer Beziehung gewesen und würde sie dir dann immer noch die persönliche Bedeutung des Gemäldes verschweigen, könnte man sich darüber unterhalten, ob es nicht langsam Zeit wäre, sich in der Beziehung zu öffnen – denn eine solche lebt viel eher von Offenheit als von Geheimniskrämerei. Aber gleich beim ersten Treffen, bei dem du die Frau gerade einmal kennenlernst, derart in die Vollen zu treten und nicht zu bedenken, dass sich manchmal sogar hinter materiellen und für dich persönlich nicht besonderen Dingen für andere Personen eine tiefere Bedeutung verbergen kann? Das geht nicht!

Hier stellt sich zudem die Frage des Respekts: Die Person hat offensichtlich eine Grenze markiert, ab der sie nicht mehr über die Bedeutung des Gemäldes sprechen wollte – diese Grenze musst du nicht nachvollziehen können, aber respektieren. Natürlich wäre eine Erklärung wünschenswert, wie „Ich bin nicht bereit, über die Bedeutung des Gemäldes zu sprechen, weil es ziemlich privat ist!", doch nicht immer verläuft die Kommunikation mit Mitmenschen so, wie man es gerne hätte. Manchmal kommt es zu Unklarheiten, die aber nicht sofort aufgeklärt werden müssen – erst recht nicht, wenn sich die andere Person nicht bereit dazu fühlt.

Mangelnde Empathie kann dir aber nicht nur das Knüpfen neuer Kontakte erschweren, wie es in dem Beispiel eben der Fall war, sondern auch dazu führen, dass dein gesamtes soziales Umfeld wegbricht. Das ist keine Übertreibung, sondern die Wahrheit, denn du solltest dir vor Augen führen: Es ist wahrscheinlich, dass irgendwann selbst der glücklichste Mensch einige Probleme haben wird, mit denen er sich langfristig herumschlagen muss. Zeigst du in dieser Phase kein Einfühlungsvermögen, begegnest du der Person ausgerechnet in ihrer schwersten Lebensphase mit einem unangemessenen Verhalten. Dieses Missverhalten wiegt schwer.

Selbst dann, wenn du grundsätzlich ein äußerst empathischer Mann bist, kann dir der Mangel an Empathie in nur einer oder zwei Situationen beim Erreichen deiner Ziele maßgeblich im Wege stehen. Vielleicht hast du gerade ein wichtiges Gespräch mit deinem Vorgesetzten und triffst versehentlich den falschen Nerv – und schon hast du dir für deine weitere berufliche Laufbahn Steine in den Weg gelegt! Eventuell triffst du die Frau deiner Träume, missdeutest aber eine Geste von ihr und bringst dadurch eine unangemessene Bemerkung.

Im Anschluss musst du dich lange Zeit bemühen, um deinen Aussetzer wiedergutzumachen, was womöglich überhaupt sinnlos ist, weil du deine Chancen bei der Frau verspielt hast.

Zugegebenermaßen ist es unmöglich, einwandfrei zu handeln und zu kommunizieren. Du wirst mit Sicherheit, genauso wie jeder andere Mensch, Gestik, Mimik und Äußerungen deiner Mitmenschen das eine oder andere Mal falsch interpretieren. Dein Ziel sollte es daher sein, nicht perfekt zu agieren, aber möglichst häufig die verschiedensten Blickwinkel einzunehmen und die Gründe für das Verhalten und die Aussagen anderer Personen zu hinterfragen. So wirst du mit zunehmender Häufigkeit richtig reagieren und agieren.

Das erreichst du durch empathisches Verhalten!

Empathie wird bereits seit Jahrzehnten von Psychologen und Verhaltensforschern studiert. Dabei hat die Psychologin Heather Marie Higgins in den 90er-Jahren im Rahmen einer Untersuchung von Pflegepersonal festgestellt, dass diejenigen Mitarbeiter, die gegenüber den Patienten mehr Empathie zeigten als andere Mitarbeiter, zugleich auch weniger Stresssymptome aufwiesen. Die Erklärung für die geringere Menge an Stresssymptomen lässt sich unter anderem damit begründen, dass empathische Menschen weniger soziale Missklänge in ihrem Alltag haben. (Boeing & Winzer, 2016) Diese Erklärung deckt sich mit den Erkenntnissen in Bezug auf den dritten Wert (Gutmütigkeit): Je häufiger du anderen gegenüber gutmütig auftrittst, desto stabiler und positiver wird dein soziales Umfeld.

Womöglich stellst du dir nun die Frage, worin der Unterschied zwischen Gutmütigkeit und Empathie besteht. Der Unterschied ist tatsächlich groß: Gutmütigkeit ist eine pauschale Leitlinie, die vorsieht, dass du Menschen möglichst wohlwollend und hilfsbereit gegenübertrittst. Empathie ist differenzierter, denn hier hinterfragst du zunächst die Gefühlslage anderer Menschen und passt dein Verhalten dementsprechend an. Beispielsweise schlussfolgerst du, dass eine Person wohl eher Zeit für sich braucht, um eine negative Nachricht zu verdauen. Du berücksichtigst dieses Bedürfnis der Person und lässt ihr den Raum, um für sich allein zu sein. Empathie hilft dir auf diese Weise, besser zu schlussfolgern, was situativ das richtige und gutmütige Verhalten ist. Nicht immer braucht eine Person Aussagen wie „Das wird schon wieder!" und eine Umarmung, was ohne Zweifel ein gutmütiges Verhalten darstellt. Manchmal kommt es jedoch darauf an, der Person ihren Raum zur Verarbeitung ihrer Emotionen zu geben und unter einem liebevollen Abschied und mit dem Hinweis „Wann immer du etwas brauchst: Melde dich bei mir!" fortzugehen. Empathie hilft dir also dabei, dein gutmütiges Verhalten in die richtigen Bahnen zu lenken und einer Person nach gründlicher Abwägung beizustehen oder aber auf Distanz zu ihr zu gehen.

Es wird Übung brauchen, um die Gestik, Mimik, Äußerungen und weiteren Interaktionen von Menschen korrekt zu deuten. Abgesehen von den Übungen, die du gleich erhältst, wirst du in der Interaktion mit Mitmenschen üben. Ohnehin ist jede Person individuell, sodass es dauert, ein Gefühl für Verhaltensweisen sowie deren Hintergründe zu bekommen. Sei somit auf Fehler vorbereitet und akzeptiere diese als Teil deiner persönlichen Empathie-Schule. Wichtig ist: Lasse dich auf soziale Kontakte ein und verbringe Zeit mit Menschen, um deine empathischen Fähigkeiten zu trainieren! Je vielseitiger dein soziales Umfeld ist und je verschiedener die Menschen sowie deren Lebenssituationen sind, umso mehr Übung wirst du darin haben, verschiedene Verhaltensweisen und Äußerungen zu deuten und dich in die Gefühlslagen der Menschen hineinzuversetzen.

Übungen für mehr Empathie

Eine gute Basis für empathisches Verhalten, die du dir vor der Auseinandersetzung mit folgenden drei Übungen aneignen solltest, sind die vier Säulen der Empathie. Diese lauten folgendermaßen:

- Wahrnehmung
- Verständnis
- Resonanz
- Antizipation (Mai, 2023)

Bei der ersten Säule – der Wahrnehmung – bemühst du dich darum, möglichst viel von der anderen Person wahrzunehmen, wozu beispielsweise die Gestik, Mimik, Körpersprache, Tonlage, der Inhalt des Gesprochenen und ähnliche Aspekte gehören. Versuche bewusst, auf Aspekte wie diese zu achten, wenn du dich mit Personen unterhältst. Ist es zu viel für dich, alles zu berücksichtigen, dann achte zunächst auf die Tonlage beim Sprechen und später auch auf weitere Aspekte. So schulst du deine Fähigkeit zur Wahrnehmung möglichst vieler Aspekte auf einmal.

Die zweite Säule verlangt von dir, dass du die Gründe für das Verhalten der Person hinterfragst: Wieso wendet diese plötzlich den Blick ab? Wieso lehnt sie sich zu dir vor und sucht deine Nähe? Es sind Punkte wie diese, die du hinterfragen solltest. Auf der Basis deiner Beobachtungen stellst du also Annahmen an.

Bei der dritten Säule – der Resonanz – überlegst du dir, wie du am besten reagieren solltest. Ein neutrales Verhalten einer Frau könntest du mit einer vorsichtigen Geste der Zuneigung erwidern, wenn du dich ihr zugeneigt fühlst. Lehne dich am Tisch leicht nach vorn und schaue, wie sie reagiert. Oder du bleibst zunächst zurückhaltend und wartest darauf, dass die Frau einen ersten Schritt macht.

Hinweis!

In Konflikten mit Menschen solltest du grundsätzlich neutral reagieren und klarstellen, dass du verbale und körperliche Gewalt eindeutig ablehnst! So deeskalierst du die Situation.

In der vierten Säule stellst du Annahmen dazu auf, wie dein Gegenüber auf deine Resonanz reagieren könnte. Am besten machst du dir noch vor dem Handeln (dritte Säule) Gedanken darüber, wie die Reaktion deines Gegenübers sein könnte. Überlege dir am besten mithilfe der dritten Säule verschiedene Möglichkeiten, um auf das Gegenüber zu reagieren – und schätze in der vierten Säule ein, bei welcher deiner Reaktionen wohl die Reaktion deines Gegenübers am positivsten ausfallen könnte.

Beachte bitte bei all diesen Ratschlägen: Ziel dieser vier Säulen sowie der Empathie im Allgemeinen ist unter keinen Umständen, dass du dich verstellst. Du sollst zu deinen Meinungen stehen und gegebenenfalls Personen widersprechen, wenn du es gut argumentieren kannst oder nun einmal subjektiv anderer Auffassung bist. Empathie weist dir allerdings den Weg dorthin, wie du den Personen widersprichst. Sollte die Person beispielsweise bei einem Ansatz von Kritik deinerseits sofort die Arme verschränken, sich körperlich distanzieren und auch ansonsten eine ablehnende Haltung einnehmen, dann weißt du Bescheid, dass du deine Kritik besser kürzer formulierst und die Person zumindest auch ein wenig lobst, damit sie sich nicht angegriffen fühlt und du deine Botschaft in der Kommunikation dennoch gut übermitteln kannst.

Letztlich kommt es bei der Empathie auf die Deutung des Gegenübers und dessen Aussagen sowie seines Verhaltens an. Daher drehen sich folgende drei Übungen darum, die Gestik, Mimik und Aktionen anderer Personen zu deuten. Um empathisch zu handeln, nutzt du daraufhin die vorgestellten vier Säulen, deren Anwendung du in deinem Umfeld regelmäßig üben solltest.

- Auf einer Webseite bei studyflix ist umfassendes und hilfreiches Material zur Deutung der Körpersprache sowie verschiedener Verhaltensweisen von anderen Personen zusammengestellt. Besuche die Seite https://studyflix.de/biologie/koerpersprache-3492 und versuche, jeden oder jeden zweiten Tag neue Inhalte auf der Seite zu lernen, bis du den gesamten Inhalt verinnerlicht hast. Achtung: Es handelt sich lediglich um pauschale Ratschläge und Interpretationen, weshalb du nie komplett auf die Angaben in der Liste vertrauen solltest.
- Versuche, pro Woche zwei bis drei neue Menschen anzusprechen und dabei dein erworbenes Wissen über die Körpersprache und weitere Aspekte anzuwenden. Falls du dich nicht traust, dir unbekannte Menschen anzusprechen, übst du in deinem bestehenden sozialen Umfeld, was jedoch etwas ineffizienter ist, da du die Personen und deren Verhaltensweisen schon zum Teil oder ziemlich gut kennst.
- Nimm dir an einigen Abenden pro Woche für 10 bis 15 Minuten Zeit dafür, um dich in die Rolle einer anderen Person hineinzuversetzen. Dies kann ein Familienmitglied, eine Freundin, ein Arbeitskollege oder eine fiktive Person aus einer Serie sein: Denke darüber nach, was diese Person in ihrer jeweiligen Situation fühlt und wie du ihr in einem Gespräch empathisch begegnen könntest.

V. Loyalität

„Freundschaft bedeutet wenig,
wenn sie nur bequem ist."
- John Wick: Kapitel 4

Wenn du jemandem gegenüber loyal bist, fühlst du dich dieser Person verbunden und stehst für sie ein. Abgesehen von der Loyalität gegenüber Menschen kannst du auch gegenüber Unternehmen oder Ländern loyal sein. Angesichts des Fokus auf soziale Kompetenzen soll es in diesem Kapitel allerdings ausschließlich um die Loyalität gegenüber anderen Menschen gehen.

Um sich einer Person gegenüber verbunden zu fühlen, muss eine längere Bindung bestehen. Es kann sich hierbei um eine mehrjährige freundschaftliche oder berufliche Bindung handeln. Zudem sind familiäre Beziehungen ein Beispiel für Bindungen, die loyal sein sollten. Loyalität setzt aber nicht nur eine langfristige Bekanntschaft voraus, sondern auch eine äußerst starke Bindung.

Damit eine starke Bindung zwischen zwei Personen möglich ist, ist es wichtig, sich mit einer Person gut zu verstehen und zumindest mehrere Weltanschauungen sowie Werte zu teilen. Bei langjährigen und sehr guten Freundschaften ist das in der Regel gegeben. Es ist keinesfalls erforderlich, bei allen Themen derselben Meinung zu sein, doch einige wesentliche Gemeinsamkeiten müssen bestehen und es dürfen keine großen Reibepunkte vorliegen. Große Reibepunkte sind jene, die regelmäßig für Streitigkeiten sorgen und bei denen beide Seiten strikt auf ihrer eigenen Meinung beharren.

Die Entwicklung einer solch starken Bindung lässt sich nicht beeinflussen. Du lernst Menschen kennen und entweder entwickelt sich im Laufe der Zeit eine starke Bindung oder ihr seid zu verschieden und meidet deswegen den Kontakt oder trefft euch nur ab und zu. Aber mit der Bindung ist noch immer keine Loyalität gegeben. Die Bindung ist lediglich die Basis für Loyalität. Ob du anderen gegenüber oder die anderen dir gegenüber tatsächlich loyal sind, zeigt sich in schweren Situationen: Wenn es einer Person beispielsweise schlecht geht, sie in Schwierigkeiten ist oder sie sich in einer Lebenskrise befindet – hältst du auch dann zu ihr oder lässt du sie fallen?

Hältst du zu ihr, dann bist du loyal.

Lässt du sie fallen, so bist du illoyal.

Allerdings sind dies nur zwei allgemeine Schlussfolgerungen. Bei näherer Betrachtung zeigt sich, dass es manchmal sinnvoll ist, die Person auf sich allein gestellt zu lassen. Wenn sich zeigt, dass sie keine Hilfe möchte oder wenn ihr euch zu sehr auseinandergelebt habt und die Person deiner Meinung keine große Bedeutung mehr beimisst, kann es sinnvoll sein, sich von ihr zumindest leicht zu distanzieren. Auf Aspekte wie diese wird nun schrittweise näher eingegangen.

Beispiel: Probleme durch mangelnde Loyalität

Beispiel

Ein sehr guter Freund von dir, mit dem du seit fünf Jahren viele gemeinsame Erlebnisse teilst und viele gemeinsame Hobbys hast, fällt in ein psychisches Loch. Seine langjährige Freundin trennt sich kurz nach der Verlobung von ihm und er wird in seinem Job nicht befördert, obwohl er beruflich überzeugende Zahlen verzeichnet und jahrelang auf die Beförderung hingearbeitet hat. Du hältst rund anderthalb Wochen zu ihm, doch mit der Zeit wird es dir zu anstrengend, deinem Freund Zeit zu widmen, weil du wenig Nutzen aus dem Zeitvertreib mit ihm als einem deprimierten und unmotivierten Menschen ziehst. Du wendest dich anderen Personen zu, obwohl du mit vielen von diesen bei weitem nicht so viele gemeinsame Interessen hast wie mit deinem sehr guten Freund. Dieser hat sich übrigens nach acht Monaten wieder aufgebäumt und mit einem eigenen Unternehmen einen Volltreffer gelandet. Er ist jetzt wohlhabender und mit seiner neuen Freundin, die ihn in der schweren Zeit aufgefangen hat, glücklicher als je zuvor. Auf einen Zeitvertreib mit dir hat er keine Lust, denn er weiß nun, dass er sich in schweren Zeiten wahrscheinlich nur ein paar Tage lang auf deine Unterstützung verlassen kann.

Wieso ist dieses Beispiel in vielerlei Hinsicht lehrreich? Zunächst sei an die angeführte Textstelle vor dem Beispiel erinnert: „Wenn sich zeigt, dass die Person keine Hilfe möchte oder wenn ihr euch zu sehr auseinandergelebt habt und die Person deiner Meinung keine große Bedeutung mehr beimisst, kann es sinnvoll sein, sich von ihr zumindest leicht zu distanzieren." In dem Beispiel haben sich du und dein Freund nicht voneinander distanziert, denn durch seine Trennung und die Nicht-Beförderung hat er nicht endgültig seine Hobbys und Interessen verloren. Er hat sich lediglich von der psychischen Verfassung her distanziert, doch das ist angesichts seiner schweren Situation verständlich. Eine richtige Distanzierung zweier Personen voneinander nimmt meist mehrere Wochen oder Monate an Zeit in Anspruch und verläuft schleichend. Zudem äußert sie sich in einer Änderung mehrerer Interessen, die euch bislang miteinander verbunden haben. Das war in dem Beispiel nicht der Fall.

Im Beispiel siehst du eine emotionale Distanzierung. Den Unterschied zwischen einer interessen- und wertebezogenen

Distanzierung sowie einer emotionalen Distanzierung verstehen jedoch viele Personen nicht. Wenn du meinst, eine emotionale Distanzierung festzustellen, solltest du fürs Erste einer Person gegenüber stets loyal sein – denn solange die gemeinsamen Erlebnisse von dir und der Person, die gemeinsamen Interessen sowie die gemeinsamen Ansichten bestehen bleiben und weitere tiefgründige Gemeinsamkeiten vorliegen, ist die Basis für eine gute Freundschaft oder eine feste Beziehung nach wie vor gegeben. Die emotionale Distanzierung kann durch Lebenskrisen, negative Schlüsselerlebnisse oder wiederaufkommende Traumata zustande kommen – dies alles ist kein Grund, eine Person, zu der du eine tiefe Verbindung hast, fallen zu lassen. Wenn du lediglich aufgrund der emotionalen Distanzierung eine Person fallen lässt, bist du illoyal und riskierst, eine grandiose Freundschaft oder die Liebe deines Lebens zu zerstören, obwohl die Basis für besagte Freundschaft bzw. Liebe noch gegeben ist. Sollte die emotionale Distanzierung auffällig lange anhalten, dann kann es Sinn ergeben, mit der Person ein offenes Gespräch zu führen. Sollte sie keine Lösungen haben und sich nicht von dir helfen lassen wollen, dann gibst du der Person am besten eine oder zwei Wochen Freiraum und schaust dann weiter. Jedenfalls darf eine emotionale Distanzierung, wenn es triftige Gründe für diese gibt, durchaus einen bis zwei Monate andauern. Sie ist kein Grund dafür, einer Person gegenüber illoyal zu sein.

Wenn du nicht loyal bist, obwohl die Basis für eine gute Beziehung zu einer Person noch vorhanden ist, riskierst du also den Zusammenbruch einer bis dato wichtigen und erfüllenden Beziehung mit einer starken Bindung. Interessant ist es nun, zur Abgrenzung auf ein Beispiel zu schauen, bei dem es zu einer werte- und interessenbezogenen Distanzierung kommt.

Beispiel

Ein guter Arbeitskollege von dir, mit dem du dich angefreundet hast, wechselt die Arbeitsstelle. Mehrere Jahre habt ihr zusammen die Drangsalierung durch euren Boss ertragen und euch darüber lustig gemacht. Nach dem Job seid ihr des Öfteren ins Fitnessstudio gegangen und habt dort nicht nur Gewichte, sondern euch auch den Arbeitsfrust von der Seele gestemmt. Obwohl ihr mit eurem Job nicht zufrieden wart, habt ihr es gemeinsam gut überstanden und wart auch sonst in eurem Privatleben glücklich. Nun hat dein Kollege die Arbeitsstelle gewechselt und anstatt mit dir ins Fitnessstudio zu gehen, geht er lieber golfen. Dieser Wandel seiner Interessen tritt schleichend ein. Ihr habt aufgrund der verschiedenen Jobs zudem weniger Gemeinsamkeiten. Du merkst, dass dein ehemaliger Arbeitskollege glücklich ist, aber viel verbindet euch nach zwei Jahren nicht mehr. Also distanzierst du dich von ihm und er sich von dir.

Die Distanzierung hat in diesem Fall nichts mit Illoyalität zu tun, sondern ist einer der natürlichen Verläufe zwischenmenschlicher Beziehungen, zu denen es mitunter kommen kann. Wenn dein Kollege irgendwann auf dich zukommen und Hilfe brauchen sollte, kannst du ihn gern unterstützen, denn das ist ganz im Sinne der Gutmütigkeit und nur allzu vorteilhaft – vielleicht findet ihr so auch wieder zueinander.

Anders sähe es bezüglich der hier beschriebenen Distanzierung aus, wenn dein Arbeitskollege in ein negatives Umfeld driften würde. Beispielsweise könnte er bei seiner neuen Arbeitsstelle Kollegen kennenlernen, die ihn zum Konsum harter Drogen motivieren und jedes Wochenende auf Partys mitnehmen. Wenn dein Kollege diesen Lebensstil irgendwann nicht mehr unter Kontrolle hätte, zunehmend aggressiv werden würde und auch andere Personen aus seinem sozialen Umfeld schockiert von dessen Wandel wären, wäre es im Sinne der Loyalität deine Aufgabe, ihn zu unterstützen, um seine Fehler zu begreifen. Manchmal passiert es, dass sich die Interessen und Werte eines Menschen ändern, weil dieser auf die schiefe Bahn gerät. In diesem Fall ist unklar, ob sich die Interessen und Werte tatsächlich geändert haben oder ob die Person diese fürs Erste lediglich aus den Augen verloren hat, weil sie gewissermaßen sich selbst verloren hat. Auch wenn du nicht der Vormund erwachsener Personen bist, erkennst du manchmal ein derart offensichtliches Fehlverhalten. Dabei ist es wichtig, nach wie vor zu der Person zu halten – auch wenn die Unterschiede zwischen euch immens erscheinen.

Driftet eine Person in ein falsches Umfeld ab oder schlägt im Leben einen zweifelhaften Weg ein, kannst du dich einerseits bemühen, auf sie einzureden und sie wieder „auf den richtigen Pfad" zu bringen. Andererseits – das ist vor allem dann sinnvoll, wenn die Person dein Einreden abweist – kannst du einfach abwarten und für die Person da sein, wenn sie ihre Fehler begreift und dich um Hilfe bittet, um aus ihrer schwierigen Situation herauszukommen. Fehlt dir dieser Sinn für Loyalität, dann besteht die Gefahr, dass niemand anderes zu der Person durchdringt und sie sich durch ihr schlechtes Umfeld dauerhaft negativ verändert. Das Leben hat schon so manch tragische Schicksale geschrieben, die sinnbildlich für den dauerhaft negativen Wandel eines Menschen stehen.

Auch wenn diese Beispiele hochgegriffen sind und Extremfälle thematisieren, zeigt sich ebenso in weniger tragischen Fällen, wie ein Mangel an Loyalität dazu geführt hat, dass Personen von einem schlechten Umfeld negativ geprägt wurden: Sie schmissen ihr Studium, obwohl sie eigentlich gut darin waren und in dem Job gern gearbeitet hätten. Sie vergaben die Chancen auf eine Karriere als Sportler, weil sie nicht diszipliniert trainiert und sich in ein Umfeld aus Partys und Alkohol begeben haben. Oder Freundinnen trennten sich von ihnen, weil die Männer in ihrem schlechten Umfeld kaum noch Wert auf die Bedürfnisse der Freundin legten und im Beisein ihrer Kumpels „den Macho markiert" und ihre Freundin respektlos behandelt haben.

Das erreichst du durch loyales Verhalten!

Du kannst schon jetzt mehrere positive Effekte aus loyalem Verhalten schlussfolgern. Zum einen erhöht loyales Verhalten die Chance, dass Personen, die dir wichtig sind, gar nicht erst auf eine schiefe Bahn oder in ein negatives Umfeld geraten bzw. danach schneller wieder in die Spur kommen. Zum anderen überbrückst du durch loyales Verhalten Phasen von emotionaler Distanzierung und hilfst Personen, wieder so positiv wie früher zu werden. Alles in allem wirfst du keine Beziehungen und Freundschaften, für die immer noch eine herausragende Basis besteht, zum Fenster hinaus, wenn du loyal bist, weil du in Krisenphasen zu den Personen hältst.

Wie schon bei der Gutmütigkeit profitierst du zudem davon, dass du dir durch Loyalität am ehesten ein Umfeld aufbaust, das solide ist und bei dem du dich sogar in Lebenskrisen darauf verlassen kannst, dass es funktioniert. Der Alpha-Mann ist auf eine starke Truppe angewiesen, wobei Loyalität ein wesentlicher Kontrollpunkt ist: Wenn du merkst, dass du dich in einer schwereren Phase oder in einer Problemsituation nicht auf die Unterstützung einer Person verlassen kannst, wirst du womöglich bitter enttäuscht. Auch wenn es kaum ein Trost ist, hat die bittere Erkenntnis der Illoyalität einen Vorteil: Du erfährst, wer deine wahren Freunde sind. Sollte eine Person nämlich auch in einer Problemsituation an deiner Seite bleiben und dir beistehen, dann weißt du, dass es eine wahre Freundschaft ist – und um an das eingangs erwähnte Zitat anzuknüpfen: „Freundschaft bedeutet wenig, wenn sie nur bequem ist." So erwächst Loyalität aus Solidarität, Treue, Bindung, Hilfsbereitschaft, Gutmütigkeit und Vertrauen, die auch in unbequemen Zeiten oder Situationen unerschütterlich sein sollten.

Loyalität erhältst du lediglich dann langfristig, wenn du selbst loyal bist. Die mit der Loyalität einhergehende Stabilität und das Vertrauen innerhalb deines sozialen Umfelds bilden wichtige Eckpfeiler, auf deren Basis du dich anderen Menschen anvertrauen und mit deren Unterstützung du wachsen kannst. Du entwickelst dich als loyaler Mensch, der von anderen ebenfalls Loyalität erfährt, wesentlich besser und erreichst deine Ziele schneller.

Bei alledem ist zu beachten, dass Loyalität auch negative Facetten haben kann. Wenn Loyalität beispielsweise zu einem Freund-Feind-Verhalten – jeder, der meines Freundes Feind ist, ist auch mein Feind – führt, besteht die Gefahr, dass du in die Konflikte anderer Personen hineingerätst. Merke dir, dass ein guter Freund oder eine enge Freundin lediglich dann um Hilfe in Konflikten bitten wird, wenn es wirklich dringend ist. Er wird dich beispielsweise nicht darum bitten, Personen verbal oder physisch zu attackieren, weil er sich mit diesen Personen nicht gut versteht.

Problematisch wird die Loyalität außerdem dann, wenn sie gefordert wird. Wahre Loyalität resultiert aus deinem Eigenantrieb, weil du auf der einen Seite eine starke Bindung zu einer Person fühlst und auf der anderen Seite deren Werte, Meinungen und Interessen teilst. Geforderte Loyalität – zum Beispiel vom Arbeitgeber oder von Familienoberhäuptern – kann dazu führen, dass du dich den Personen unterwirfst sowie deine eigenen Überzeugungen unterdrückst. Das ist nicht das Leben eines Alpha-Mannes! Der Alpha-Mann führt ein selbstbestimmtes Leben, bei dem seine Taten und Worte den eigenen Überzeugungen entsprechen. Genau das muss auch dein Ziel sein!

Übungen für mehr Loyalität

Die drei folgenden Übungen dienen dazu, dass du dein aktuelles Umfeld in Bezug auf Loyalität prüfst. Außerdem sollen dir die Übungen helfen, dich künftig überall dort, wo es geht, loyal zu verhalten. Mit der Loyalität praktizierst du im sozialen Umfeld die Kompromisslosigkeit, die dich zu einem Alpha-Mann macht: Egal, was passiert – du stehst auf der Seite deiner Freunde und Familienmitglieder!

- Zunächst prüfst du, ob du in deiner bisherigen Loyalität Fehler begangen hast: Hast du fremde Konflikte zu deinen gemacht, weil du einen Freund oder eine Freundin bei seinem bzw. ihrem persönlichen Konflikt mit einer anderen Person unterstützt hast? Die Feinde deiner Freunde sind nicht deine Feinde. Gehe daher zunächst auf deinen Freund oder deine Freundin zu und sage, dass du an der Fehde nicht mehr teilhaben möchtest. Dein Freund bzw. deine Freundin sollte dir gegenüber Verständnis zeigen. Entschuldige dich anschließend bei der Person, der gegenüber du dich feindlich positioniert hast, für dein Verhalten.
- Weiter geht es mit der Fehlerprüfung: Hat jemand von dir Loyalität eingefordert? Oder bist du einer Person gegenüber nur loyal, weil du dir von ihr etwas erhoffst? In beiden Fällen handelt es sich um keine richtige Loyalität. Überdenke, was du im Verhalten zu dieser Person ändern solltest, denn langfristig vorteilhafte Beziehungen sowie ein starkes soziales Umfeld ergeben sich aus diesen falschen Formen der Loyalität nicht.
- Denke an dein aktuelles soziales Umfeld sowie an Beziehungen aus deiner Vergangenheit: Gibt es eine Person, die sich jetzt in einer schweren Situation befindet oder dies in der Vergangenheit tat? Hat diese Person deine Loyalität zu spüren bekommen – oder hast

du dich von ihr abgewandt, weil es einfacher für dich war? Versuche, zu Personen, zu denen du vorher eine starke Bindung hattest, aber von denen du dich abgewandt hast, wieder Kontakt aufzunehmen. Entschuldige dich, falls du ihnen in einer schweren Situation nicht beigestanden hast. Führe ab heute mindestens einmal pro Woche ein Monitoring in deinem Umfeld durch, bei dem du prüfst, ob es Personen gibt, die zu wenig von deiner loyalen Haltung zu spüren bekommen. Prüfe außerdem, ob bestimmte Personen dir einen Anlass geben, an ihrer Loyalität zu zweifeln. Stelle diese Personen gegebenenfalls zur Rede und verschaffe dir Gewissheit darüber, von wem du Loyalität erwarten darfst.

Zusammenfassung

Die fünf Werte, die du als Alpha-Mann definierst, sind im Prinzip mehr als starre Werte. Es sind Handlungsrichtlinien, von denen ausgehend du genügend Raum hast, um dich individuell gemäß deinen eigenen Vorstellungen zu entwickeln. Obwohl die Werte, Übungen und Anleitungen in diesem Kapitel unmissverständlich sind, hast du in deren Anwendung einiges an individuellem Ermessensspielraum, um zu so einem Alpha-Mann zu werden, wie du es gern hättest.

Du kannst auch weitere Werte definieren, an die du dich halten möchtest. Es gibt viele andere positive Werte, die beim Aufbau und der Aufrechterhaltung eines sozialen Umfelds stets vorteilhaft sind. Beachte, unabhängig von dem jeweiligen Wert, stets Folgendes: Nicht nur du solltest dich an die Werte halten. Es ist wünschenswert, dass positive Werte auch von deinem sozialen Umfeld erwidert werden.

Dabei muss dein soziales Umfeld den jeweiligen Wert nicht einmal kennen, denn eigentlich dürfte es sich von selbst verstehen: Bist du anderen Personen gegenüber loyal, gutmütig, einfühlsam und anderweitig positiv, darfst du verlangen, dass die Personen im Laufe der Zeit aus eigenem Antrieb ebenfalls diese positiven Verhaltensweisen erwidern.

2. Säule: Selbstbewusstsein erlangen und stärken

Das Selbstbewusstsein beeinflusst die Sicherheit und Entschlossenheit bei deinen Aktivitäten und Entscheidungen. Selbstsichere Menschen fördern bereits durch ihre Herangehensweise den Erfolg ihres Handelns. Gedanken, Gesten, Mimik sowie Handlungen eines selbstsicheren Menschen folgen einem eindeutigen Weg ohne Abzweigungen. Dementsprechend gibt es bei den Handlungen und bei den Entscheidungen kein unnötiges Zögern und ebenso keine unnötigen Unterbrechungen, denn der selbstsichere Alpha-Mann weiß eines: „Ich schaffe das!"

Obwohl es eine enorm wichtige Säule des Alpha-Mannes ist, ist Selbstbewusstsein mit Vorsicht zu genießen – denn aus Selbstbewusstsein kann Übermut werden. Insbesondere Männer, deren Selbstbewusstsein von außen häufig bestätigt wird und die in ihrem Leben viele Erfolge verzeichnen, können mit der Zeit dem Übermut verfallen. Daher ist es für einen Alpha-Mann von Belang, eine bestimmte Art von Selbstbewusstsein aufzubauen: ein Selbstbewusstsein, das differenziert und situationsabhängig angewandt wird. Sollte sich eine Herausforderung als zu groß erweisen, dann gesteht der selbstbewusste und gleichzeitig realitätsnahe Alpha-Mann sich diese Tatsache ein und wächst zunächst weiter, bis er für die jeweilige Herausforderung bereit ist.

Wie du zu einem Alpha-Mann wirst, der vor Selbstbewusstsein strotzt, aber nie den Bezug zur realistischen Einschätzung seiner Fähigkeiten und Kompetenzen verliert? Das erfährst du in diesem Kapitel.

Werde dir deiner Fähigkeiten bewusst und wertschätze sie!

Jeder Mensch hat Fähigkeiten. Der Alpha-Mann muss sich nicht zwingend dadurch auszeichnen, dass er mehr Fähigkeiten als der Durchschnittsmann hat. Es finden sich regelmäßig Personen, die eine Fülle an Fähigkeiten haben, diese aber nicht wahrnehmen oder wertschätzen. Unter diesen Bedingungen kann kein Selbstbewusstsein gedeihen. Wichtig ist daher weniger die Menge deiner Fähigkeiten als die Selbstwahrnehmung und die Selbstwertschätzung. Aus der Selbstwahrnehmung und Selbstwertschätzung als zwei wesentlichen Komponenten erwächst schließlich das Selbstbewusstsein.

- Selbstwahrnehmung: Du nimmst dich als ein Individuum wahr, das einzigartig ist. Auch wenn du in einer großen Menschentraube stehst, weißt du, dass du nicht einer von diesen vielen Menschen bist, sondern dass du DU bist! Deine Fähigkeiten und Charakterzüge in all ihrer Gesamtheit machen dich zu einem Menschen, den es in dieser Form nirgendwo sonst gibt.
- Selbstwertschätzung: Dir gefallen bestimmte Fähigkeiten und Charakterzüge von dir. Bestimmt hast du auch deine Ecken und Kanten, aber die hat jede Person. Um Selbstwertschätzung zu entwickeln, legst du deinen Fokus auf deine Stärken und lässt die Schwächen fürs Erste links liegen.

Fragst du dich, ob diese beiden Punkte nicht zu beschönigend klingen? Um für ein Beispiel an dem letzten Satz der Aufzählung anzuknüpfen: „Wie kann ich meine Schwächen und Defizite einfach ignorieren und hoffen, dass ich trotzdem ein Alpha-Mann werde?“

Keine Sorge: Der Arbeit an deinen Schwächen und Defiziten wirst du dich noch widmen. Zuallererst gilt es, ein Fundament zu schaffen, das dir die Kraft und Gewissheit gibt, deine Schwächen und Defizite beseitigen zu können. Dieses Fundament besteht im Selbstbewusstsein, wobei die Selbstwahrnehmung und Selbstwertschätzung die zwei unverzichtbaren Basis-Komponenten bilden. Dass diese Basis-Komponenten „beschönigend“ sind, liegt in ihrer Natur.

Also: Vertraue der Sache und entscheide dich jetzt dafür, daran zu glauben, dass du zahlreiche Fähigkeiten und Charakterzüge hast, die absolute Wertschätzung verdienen!

Übungen, um deine Fähigkeiten zu erkennen

Den Anfang für mehr Selbstwahrnehmung machst du am besten, indem du dich fragst: „Was kann ich?“ Die Antworten auf diese Frage notierst du dir. Mache dir auf der Suche nach einer Antwort gründlich Gedanken, denn die Frage nach deinen Fähigkeiten beantwortet sich nicht durch ein 15-minütiges Brainstorming in der Mittagspause auf der Arbeit. Es braucht Ruhe und Geduld, außerdem viel Überlegung, um eine zufriedenstellende Menge an Fähigkeiten zusammenzutragen.

Hinweis!

Merke dir für alle Übungen, bei denen du nachdenken und Notizen machen sollst: Am besten ist es, wenn du dir ein freies Zeitfenster von mindestens einer halben Stunde nimmst. Optimal sind die Bedingungen in der Regel abends, sobald du die Pflichten des Alltags hinter dich gebracht hast. Mache dir Notizen außerdem am besten auf einem Stück Papier und nicht digital, damit du dich nicht von Benachrichtigungen auf deinem Gerät irritieren lässt und dich gedanklich intensiver mit der Aufgabe befasst.

Wenn du über deine Fähigkeiten nachdenkst, strengst du im Optimalfall deine Erinnerungen an, denn es genügt nicht, einzig und allein die offensichtlichen Fähigkeiten zu notieren. Notiere dir auch die Fähigkeiten, die dir unscheinbar erscheinen. Eine Fähigkeit, die dir unscheinbar erscheint, ist für andere Personen vielleicht interessant. Beispielsweise gibt es mehrere Personen, die über eine außerordentliche Beweglichkeit verfügen: Sie schaffen es beinahe oder tatsächlich, einen Spagat durchzuführen.

An dieser Textstelle erwacht vielleicht der vermeintliche Alpha-Mann in einigen Lesern: „Ach, was bringen mir Spagate!?! Die sind doch was für Frauen!" Genau solche Denkweisen sind es aber, die den einen oder anderen Leser daran hindern, diese erste Übung richtig zu machen, und die ihnen – noch schlimmer – dabei im Wege stehen, ein Alpha-Mann zu werden.

Regel: Es gibt keine unmännlichen oder unbedeutenden Fähigkeiten

Das moderne Bild des Alpha-Mannes ist ein anderes als noch vor Jahrzehnten. Die Fähigkeiten von Männern werden weniger geschlechtsspezifisch bewertet. Es gibt reichlich Alpha-Männer, die ihre Zeit mit Yoga, Beweglichkeitstraining sowie Meditation verbringen – vom Kampfsportler, über den Arzt, bis hin zum Multimillionär existieren reichlich Personen, zu deren besonderen Fähigkeiten beispielsweise der Spagat gehört. Diesen zeigen sie mit Stolz in Fitnessstudios und manchmal sogar in Büros, Diskotheken oder an anderen eher ungewöhnlichen Orten. Das Ergebnis: Die Menschen sehen diese Fähigkeit und bewundern sie. Unabhängig von deinen Fähigkeiten solltest du Schubladendenken sein lassen und damit beginnen, was dich wirklich voranbringt, nämlich mit Wertschätzung.

Dabei ist sogar die unscheinbarste Fähigkeit sämtliche Aufmerksamkeit wert. Notiere dir deswegen jede Fähigkeit, die du bei dir siehst – und komme dabei nicht auf die Idee, zu filtern. Am Ende sind gewisse Fähigkeiten nicht deswegen „typisch männlich", weil es einen Katalog mit den „Must-have-Männerfähigkeiten" gibt und diese Fähigkeiten darin stehen, sondern deswegen, weil Alpha-Männer sie mit allem Selbstbewusstsein präsentieren.

Beispiel

Im Film Darf ich bitten? (2004) spielt der Schauspieler Stanley Tucci einen Anwalt, der seit seiner Kindheit tanzt, sich aber nicht traut, dies zu zeigen. Er tut stattdessen so, als interessiere er sich für Football. So wird er der Idealvorstellung von Männlichkeit, die viele Menschen in seinem Umfeld haben, gerecht. Als die Mitarbeitenden im Büro von seiner Leidenschaft fürs Tanzen erfahren, wird er ausgelacht. Seine Reaktion: Er geht zu den lachenden Personen, streckt einer Frau im Büro die Hand aus. Die Frau nimmt die Hand, woraufhin er sie explosiv zu sich zieht, eine dynamische Tanzpose macht und sie über eine Pirouette auf ihren Bürostuhl zurückbefördert. Alle im Büro sind sprachlos, während er mit der trockenen Bemerkung „Ihr könnt mich alle mal!" wieder in sein Bürozimmer zurückgeht.

Szenen wie diese zeigen, dass Männlichkeit nicht an die Art der Fähigkeit, die der Alpha-Mann hat, geknüpft ist. Du musst dich also keiner besonderen Fähigkeiten schämen und diese verbergen. Stattdessen drückt sich Männlichkeit in dem aus, was Thema dieses Kapitels ist: im Selbstbewusstsein. Um dieses zu erlangen, musst du dir zunächst deine Fähigkeiten vor Augen führen – ohne jede Wertung darüber, wie wichtig oder männlich sie sind. Halte dich also nicht mit Zweifeln bei der eingangs erwähnten Übung auf – und fange an, auf dem Blatt Papier zu deinen Fähigkeiten zu stehen, um später auch außerhalb deiner eigenen vier Wände in der Interaktion mit deinen Mitmenschen zu deinen Fähigkeiten stehen zu können.

Um reichlich Fähigkeiten aufzuschreiben, solltest du dich gezielt an die Situationen zurückerinnern, in denen dir selbst oder anderen auffiel, dass du eine bestimmte Sache gut kannst. Notiere diese Fähigkeit, die dir oder anderen Personen positiv auffallen. Sowohl offensichtliche als auch unscheinbare Fähigkeiten solltest du aufschreiben. Notiere auch Fähigkeiten, die abgesehen von dir wahrscheinlich viele andere Personen beherrschen, denn auch selbstverständliche Fähigkeiten sind es wert, wahrgenommen zu werden. Nimm dir am besten eine Woche lang jeden Abend eine halbe Stunde Zeit, um in ruhiger Umgebung über deine Fähigkeiten zu sinnieren. Mache dir zudem Notizen dazu, in welchen Lebenssituationen du von den Fähigkeiten Gebrauch machst.

Weitere Übung: Austausch mit anderen Personen

Eine weitere Übung zum Erkennen der eigenen Fähigkeiten besteht darin, sich mit anderen Personen auszutauschen. Diese Übung machst du bitte erst dann, wenn du dir bereits selbst mehrmals Gedanken und Notizen zu deinen Fähigkeiten gemacht hast. Tausche dich mit deiner Familie und deinen Freunden darüber aus, welche Fähigkeiten sie bei dir sehen. Achte darauf, die Personen so auszuwählen, dass du ein ehrliches Feedback erwarten darfst: Personen, die dich selten bis gar nicht loben und auffällig häufig deine Schwächen hervorheben, sind in der Regel ein schlechter Einfluss und auf deren Einschätzung ist nicht zu vertrauen. Wie vorhin erwähnt: Es ist nichts verkehrt daran, auf der Suche nach Selbstbewusstsein zunächst die Stärken zu fokussieren. In diesem Sinne befragst du am besten gezielt jene Personen, die dich stark machen und deine Fähigkeiten überhaupt erst wahrnehmen.

Übungen, um deine Fähigkeiten wertzuschätzen

Die Wertschätzung deiner Fähigkeiten drückt sich beispielsweise durch Sätze wie diese aus: „Ich finde es gut, dass ich so etwas kann." An dieser Stelle eine wichtige Information: Es ist absolut in Ordnung, Fähigkeiten wertzuschätzen, für die andere Personen nichts übrighaben. Es geht in diesem Ratgeber nicht um andere, sondern um dich. Genauso geht es auf deinem Weg zum Alpha-Mann nicht darum, anderen zu gefallen, sondern darum, dich in deiner Haut wohlzufühlen.

Versuche, dich an eine Situation wie die folgende zurückzuerinnern: Dir hat jemand gesagt, dass du etwas gut kannst oder machen sollst, obwohl du wusstest, dass dir die jeweilige Sache nicht am Herzen liegt und du sie eher nicht gut kannst. Hast du eine solche oder zumindest eine ähnliche Situation vor deinem inneren Auge? Falls ja, dann sage nun: War dein

Handeln in dieser Situation von Selbstbewusstsein geprägt? Hast du die jeweilige Sache, die du auf Wunsch einer anderen Person gemacht hast, mit voller Konsequenz, ohne Zweifel sowie mit Wohlbefinden durchgezogen? Wahrscheinlich nicht.

Dieser Sachverhalt, mit dem du bei den Übungen zur Wertschätzung deiner Fähigkeiten in Berührung kommst, ist essenziell und greift darauf voraus, was letztlich einen Alpha-Mann ausmacht: Der Alpha-Mann kann seinen Weg nur deswegen voller Überzeugung und Selbstbewusstsein gehen und andere Menschen mit seiner Vorgehensweise beeindrucken, weil er genau weiß, was er will. Doch um das zu schaffen, was er will, muss der Alpha-Mann zunächst wissen, was er kann und welche Zielsetzungen in seiner Situation Sinn ergeben.

Willst du dieser Alpha-Mann werden? Dann begegne den Fähigkeiten, die du in den vorigen Übungen bei dir entdeckt hast, mit Wertschätzung. Sie bilden nämlich die Basis, mit der du arbeiten musst, denn neue Fähigkeiten fallen nicht vom Himmel. Erkenne deine Basis an und du wirst deine nächsten Schritte erkennen. Den Einstieg in die Wertschätzung deiner Fähigkeiten machst du mit folgender Übung.

I. Notiere deine Fähigkeiten auf einen Zettel und lasse unter jeder Fähigkeit fünf Zeilen Platz.
II. Überlege dir jetzt für jede der Fähigkeiten fünf Bereiche oder Aktivitäten, in denen du die Fähigkeit einsetzen könntest.
    a. Besonders sinnvoll ist es, wenn du dir Bereiche und Aktivitäten überlegst, die wichtig sind oder dir viele Perspektiven eröffnen.

b. Recherchiere im Internet und in weiteren Quellen, um möglichst wichtige Bereiche und Aktivitäten zu finden, in denen die jeweilige Fähigkeit von Belang ist.
c. Versuche, Bereiche und Aktivitäten zu finden, die für dich persönlich von Interesse sind, weil sie dir Spaß machen, einen beruflichen Aufstieg ermöglichen oder einen anderen Zweck erfüllen.

III. Jetzt schaust du, ob es Bereiche oder Aktivitäten gibt, in denen mehrere deiner Fähigkeiten gefragt sind. Sollten sich beispielsweise Bereiche finden, für die du mehrere Fähigkeiten hast, dann ist das ein gutes Zeichen, weil du gute Voraussetzungen hast, um in diesen Bereichen voranzukommen.

Mit dieser Übung arbeitest du für die Lehren in den nächsten Kapiteln vor, in denen du dich unter anderem mit deiner Zielsetzung befassen wirst. Der Zeitpunkt hierfür ist allerdings noch nicht reif, sodass du zunächst deinen Fokus auf deinen Fähigkeiten belassen solltest. Was hat dir die Übung in Bezug auf deine Fähigkeiten gezeigt?

Zum einen hast du dich bemüht, dir vor Augen zu führen, dass sich jede Fähigkeit in mindestens fünf Bereichen bzw. bei mindestens fünf Aktivitäten als sinnvoll, wenn nicht sogar unerlässlich, erweist. Zum anderen dürfte dir aufgefallen sein, dass dir einige deiner Fähigkeiten die Möglichkeit verschaffen, in sehr unterschiedlichen Bereichen durchzustarten oder sehr unterschiedliche Aktivitäten durchzuführen. Daraus schlussfolgerst du: „Ich habe Perspektiven!“

Beispiel

Fähigkeiten	Bereiche/Aktivitäten zum Einsatz
Multitasking	• Gesellschafts- und Konsolenspiele • Dolmetschen • …
Sprachtalent	• Dolmetschen • Reisen • …

In diesem Beispiel sind lediglich zwei Fähigkeiten mit je zwei geeigneten Bereichen/Aktivitäten aufgeführt. Trotz der geringen Menge zeigt sich schon hier, wie die beiden Fähigkeiten durch die Synergie dazu führen, dass sich mit dem „Dolmetschen" eine berufliche Perspektive ergibt. Ein Nebenberuf als Dolmetscher, den du zweimal pro Woche für je ein paar Stunden ausübst, kann dir gute Einkünfte bescheren, die es dir ermöglichen, häufigere Reisen zu finanzieren und damit der Leidenschaft des Reisens nachzugehen. Andere Personen werden von deinen Reisen erfahren und sich denken: „Das ist ein Macher!"

Jeder Mensch hat aufgrund seiner Fähigkeiten – egal, um wie viele oder wenige es sich handelt – Perspektiven, sich allmählich die verschiedensten Ziele zu erschließen und Träume zu verwirklichen. Es gibt also absolut keinen Grund für dich, dich zu verstecken und zu limitieren. Wenn du deine Fähigkeiten erkennst und wertschätzt, weil diese dir in den verschiedensten Bereichen deines Lebens von Nutzen sind, wirst du erkennen, dass du nach und nach alles erreichen kannst. Ein Alpha-Mann zu sein, ist für dich also absolut im Rahmen des Möglichen. Du musst lediglich damit beginnen, deine Fähigkeiten als Basis zu erkennen, sowie die Bereitschaft entwickeln, mit dieser Basis produktiv umzugehen. Dann wird es dir auch gelingen, dir realistische Ziele zu setzen, diese selbstbewusst zu verfolgen und letztlich Schritt für Schritt dem von dir angestrebten Zustand nahezukommen.

Über die Gefahren bei Vergleichen mit anderen Personen

Die soeben erklärte Übung zur Verbesserung der Selbstwertschätzung ist nicht die einzige Methode, um den eigenen Fähigkeiten mehr Wertschätzung beizumessen. Eine weitere wichtige Übung ist der Vergleich mit anderen Personen. Es ist allgemein strittig, ob man sich überhaupt mit anderen Personen vergleichen sollte, wo doch jede Person einzigartig ist. Außerdem kann es sein, dass du dich mit einer Person vergleichst, die eine Sache perfekt beherrscht, und dadurch deine eigenen Fähigkeiten nicht angemessen wertschätzt.

In zahlreichen Ratgebern wird davon abgeraten, sich mit anderen Personen zu vergleichen. Hierzu ein Zitat von der Website des PAL-Verlags:

> „Die Angewohnheit, sich mit anderen zu vergleichen, kann Ihrem Selbstbewusstsein großen Schaden zufügen. Wenn Sie sich nämlich mit Freunden, Kollegen oder wildfremden Menschen vergleichen, die mehr haben als Sie, die beliebter sind als Sie, die besser aussehen als Sie und die mehr aus sich und ihrem Leben machen, die Fähigkeiten und Talente haben, die Sie nicht haben, dann sind Sie auf die anderen neidisch und Ihr Selbstwertgefühl und Ihr Selbstvertrauen leiden. Sie fühlen sich dann zwangsläufig minderwertig und unterlegen." (Merkle, 2022)

Dieses Zitat erklärt bestens, wann Vergleiche schädlich sind. Das sind sie dann, wenn sie zur Angewohnheit werden. Wenn du dich in jeder Situation, in der du deine Fähigkeiten nutzen möchtest, vorher mit anderen vergleichst, handelt es sich um eine Gewohnheit – in diesem Fall sind Vergleiche schlecht. Sie sind auch dann schlecht, wenn es dabei um Dinge geht, die du nur bedingt beeinflussen kannst, wie dein Äußeres. Du kannst dein Äußeres nicht komplett umkrempeln, um einem Idealbild näherzukommen, aber immerhin kannst du versuchen, dein Äußeres so zu ändern, dass es dir mehr gefällt. In diesem Punkt zeigt sich, was wichtig ist: Du solltest dir bei all deinen Fähigkeiten der Grenzen bewusst sein und im Rahmen dieser agieren. Das betrifft auch die Vergleiche mit anderen Personen.

Achtung: Hier sind Vergleiche mit anderen Personen potenziell sinnvoll!

Mit diesem Aspekt – im Rahmen der Grenzen vergleichen und agieren – eröffnet sich ein Sachverhalt, bei dem Vergleiche durchaus sinnvoll, wenn nicht sogar empfehlenswert sind. Immer dann, wenn du dich mit Personen vergleichst, die folgende Bedingungen erfüllen, könnte es sein, dass du etwas Nützliches für dich aus dem Vergleich mitnimmst.

- Du und die andere Person befindet euch in einer ähnlichen Situation. Beispiel: Du und dein Kumpel habt gleichzeitig mit einem Kampfsport-Kurs begonnen und habt beide zuvor noch nie Kampfsport gemacht. Nun spornt ihr euch mit euren gegenseitigen Vergleichen an, um schneller Fortschritte zu erzielen.
- Du und die andere Person stammt aus ähnlichen Verhältnissen. Beispiel: Dein Vorbild hatte genauso wie du einen schweren Start ins Leben, denn ihr beide kommt aus Familien mit einem unterdurchschnittlichen Einkommen. Nun schaust du, wie es deinem Vorbild gelungen ist, sich bis an die Spitze Hollywoods hochzuarbeiten. Vielleicht hast du eine Gemeinsamkeit mit deinem Vorbild und findest auf diese Weise eine Fähigkeit bei dir, die du wertschätzen solltest, weil du sie gewinnbringend einsetzen kannst.

- Du und die andere Person habt vergleichbare Fähigkeiten. Beispiel: Du und dein ehemaliger Klassenkamerad seid beide gut in Mathematik und Naturwissenschaften. Er verdient sich damit nebenberuflich Geld. Du würdest auch gern nebenberuflich Geld mit deiner Leidenschaft machen? Dann vergleiche mal zwischen seinem und deinem Leben, was dein ehemaliger Klassenkamerad gemacht hat, um in diese komfortable Position zu kommen!

Dies sind drei Fälle, in denen du dich mit Personen vergleichen darfst, weil diese Personen und du ähnliche Voraussetzungen mit sich bringen. Was ist verkehrt daran, sich ein Hollywood-Idol als Vorbild auszusuchen, das aus ähnlichen Verhältnissen wie du stammt, und sich bei dieser Person abzuschauen, wie es ihr gelingen konnte, sich hochzuarbeiten? Gewiss sollte dieser Vergleich nicht darin münden, dass du dir sofort das Ziel setzt, ein Hollywoodstar zu werden. Allerdings kannst du dir den Lebenslauf der Person anschauen und sehen, was die Schlüsselereignisse im Leben der Person waren, durch die sie ihren Aufstieg geschafft hat.

Zeigen sich in gewissen Lebensabschnitten einer Person, mit der du dich vergleichst, Parallelen zu deinem aktuellen Lebensabschnitt, kannst du dir überlegen, ob es sinnvoll ist, bestimmte Sachen, die die Person gemacht hat, ebenfalls in Angriff zu nehmen. Letztlich wird die Quintessenz bei den Vergleichen mit Prominenten, Freunden, Feinden, Arbeitskollegen und allen anderen Personen meist die folgende sein: Du wirst nicht genauso wie die Personen handeln können, weil dein Leben anders ist und du ein einzigartiger Mensch bist. Beim Vergleich wirst du aber Erkenntnisse sammeln, die dir dazu verhelfen, zu erkennen, dass auch du Fähigkeiten hast, die diese Menschen haben und die dich voranbringen können. Wer weiß: Eventuell wirst du merken, dass du mit deinen Fähigkeiten sogar noch bessere Voraussetzungen hast, um das zu erreichen, was diese Personen erreicht haben. „Wenn die das geschafft haben, schaffe ich das sicher auch!" – das ist die richtige Einstellung!

Vergleiche haben das Potenzial, dir verständlich zu machen: „Eigentlich habe ich doch von meinen Fähigkeiten her mehr auf dem Kasten als der eine oder andere Alpha-Mann! Wieso also fange ich nicht an, mir passende Ziele zu setzen und zielgerichtet zu agieren?" Hast du diese oder eine ähnliche Erkenntnis, bist du der Wertschätzung deiner Fähigkeiten so nahe gekommen, wie es nur möglich ist. Ein Alpha-Mann weiß: Im Grunde kann ich alles schaffen. Aber ich mache nicht alles, sondern lediglich das, was mir am Herzen liegt. Durch diese Haltung gelingt es dem Alpha-Mann, seine Fähigkeiten mit dem maximalen Effekt auszuspielen. Er liebt seine Fähigkeiten, weil er die Effekte sieht.

Liebst du ebenso deine Fähigkeiten, die dir bereits Effekte in deinem Leben gebracht haben? Setze deine Fähigkeiten mit maximaler Wertschätzung ein, um neue Effekte zu erzielen. Werde durch die Effekte zu einem Macher.

Der Einfluss des sozialen Umfelds auf dein Selbstbewusstsein

Dein soziales Umfeld nimmt einen erheblichen Einfluss auf dein Selbstbewusstsein. Mit den richtigen Menschen in deinem Umfeld profitierst du auf ganzer Linie, denn sie bekräftigen dich nicht nur in deinen Stärken und deinen herausragenden Fähigkeiten. Wahre Freunde und Bekannte, die es gut mit dir meinen, üben auf eine konstruktive Weise auch mitunter Kritik. Mit dem gesunden Mix aus Bestärken und konstruktivem Kritisieren unterstützen sie dich dabei, deine Stärken auszubauen sowie deine Schwächen zu beseitigen.

Anders verhält es sich bei einem falschen Umfeld. Die negativen Auswirkungen können sogar so weit reichen, dass du dir einreden lässt, dass deine Stärken eigentlich deine Schwächen sind. So gelingen dir beispielsweise gewisse Übungen beim Sport oder bestimmte Prozesse bei der Arbeit gut, doch die Personen aus dem schlechten sozialen Umfeld finden immer wieder Kritikpunkte, sodass du die Wahrnehmung dafür verlierst, dass du deine Sache eigentlich gut machst. Es gab schon reichlich Menschen, die vor Kreativität und Redseligkeit nur so strotzten, sich aber einreden ließen, sie seien langweilig. Daran glaubten sie und kapselten sich jahrelang von der Gesellschaft weitestgehend ab, ehe sie durch einige gute Bekanntschaften allmählich begriffen, dass der Fehler nicht bei ihnen lag.

Wie unterscheidet man denn nun das „richtige" von dem „falschen" Umfeld? Und wie findet man das richtige Umfeld? Aufschlussreich ist als erster Indikator dein Bauchgefühl. Frage dich am besten nach jedem Gespräch mit einer Person oder Personengruppe, ob du mit einem guten Gefühl aus dem Gespräch herausgehst. Hiermit ist nicht das gute Gefühl gemeint: „Endlich ist das Gespräch vorbei." Stattdessen solltest du das Gefühl haben, dass du dich psychisch gut oder im Idealfall sogar besser als vor dem Gespräch fühlst. Hast du nach Gesprächen mit Menschen das Gefühl, dass die Gespräche bei dir häufig zu einer Aufheiterung und/oder zu einer Steigerung des Selbstwertgefühls beitragen, ist das ein besonders gutes Zeichen.

Nicht jedes Gespräch muss positiv geprägt sein. Manchmal hat dein Gegenüber einen schlechten Tag und wenig positive Worte für dich übrig. Das ist in Ordnung und kann passieren. Selbst in den besten Freundschaften gibt es unbequeme Situationen und Gespräche. Die Frage ist: Kommt es häufig zu Gesprächen, die in dir negative Gefühle auslösen, oder ist dies ein Ausnahmezustand?

Es wird Zeit für die nächste Übung:

I. Schreibe dir alle Personen auf, mit denen du regelmäßig Gespräche führst – ob Familienmitglieder, Freunde oder Arbeitskollegen, ist unerheblich.
II. Denke an die letzten Gespräche mit jeder dieser Personen zurück und überlege genau, wie du dich nach den Gesprächen gefühlt hast. Versuche, dich in die Gefühlslage von damals hineinzuversetzen, und mache dir auf einem Zettel Notizen zu deinen Gefühlen.
III. Suche in den Folgetagen und gegebenenfalls in den folgenden Wochen des Öfteren das Gespräch mit Personen aus deinem sozialen Umfeld. Horche nach den Gesprächen tief in deine Gefühlswelt hinein und notiere deine Gefühle!
IV. Sollten dir in Schritt 2 und 3 dieser Aufgabe Personen aufgefallen sein, die in dir negative Gefühle wecken und von denen du dich in deinen Fähigkeiten und deiner Selbstwahrnehmung nicht bestätigt fühlst, dann markiere deren Namen in deinen Notizen.
V. Künftig hast du vor allem zwei Möglichkeiten, wie du weiter fortfährst:
   a. Nimm einige Wochen lang Abstand zu diesen Personen, sofern es dir möglich ist. Reduziere andernfalls zumindest den Kontakt. Schaue, ob du dich in dieser Zeit besser fühlst.
   b. Als Alternative zu a) kannst du mit den Personen ein offenes Gespräch suchen und sie fragen, was sie an dir wertschätzen. Wenn ihnen wenig einfällt, kannst du sie damit konfrontieren, dass du Zweifel daran hast, ob sie dich überhaupt wertschätzen.

Ob mit Absicht oder ohne: Einige Personen entfalten eine toxische Wirkung. Anstatt andere Personen aufzubauen, schaden sie sogar ihren Freunden. Distanziere dich von diesen Personen, wenn klärende Gespräche keine Wirkung zeigen und du dich nach Treffen mit diesen Personen nicht gut fühlst. Manchmal passiert es, dass sich sogar aus guten und ehrlichen Freundschaften über die Jahre eine toxische Beziehung entwickelt. Dies muss nicht an der Boshaftigkeit einer Person liegen, sondern kann darin begründet sein, dass sich du und dein Freund auseinandergelebt haben und sich die beiden Lebensstile nicht mehr so gut wie früher ergänzen. In diesen Fällen ist Abstand für beide Seiten hilfreich. Sieht man sich dann nach einigen Wochen oder Monaten Abstand erneut, verbindet die gemeinsame Vergangenheit vielleicht wieder mehr als je zuvor.

Ein Alpha-Mann zeichnet sich auch dadurch aus, dass er in seinem sozialen Umfeld schwere Entscheidungen trifft. Er erkennt früher als alle anderen, wann sich eine Beziehung in die falsche Richtung entwickelt und sucht ein klärendes Gespräch. Sollte sich dieses nicht als hilfreich erweisen, trifft er die für beide Seiten richtige Entscheidung, zunächst auf Abstand zu gehen. So ist es dem Alpha-Mann möglich, mehr Zeit mit seinem funktionierenden sozialen Umfeld zu verbringen und dieses auszubauen.

Um auf einen speziellen Aspekt des sozialen Umfelds zurückzukommen: Kritik. Obwohl einige Personen diesem Wort mit Furcht begegnen, ist gegen Kritik grundsätzlich nichts einzuwenden. Es stellt sich lediglich die Frage, auf welche Art und mit welcher Argumentation Kritik geäußert wird. Dabei ist das Wichtigste die Argumentation. Merke dir Folgendes: Wenn eine Person deine Fähigkeiten, deinen Charakter, deine Handlungen oder etwas anderes an dir kritisiert, ohne es begründen zu können, dann nimm diese Kritik nicht ernst!

Niemand besteht seine Abschlussprüfung, ohne seine Thesen zu argumentieren.

Niemand wird vom Volk in die Politik gewählt, wenn er seine Ansichten und Pläne nicht zumindest teilweise begründen kann.

Niemand gewinnt einen Kunden für sein Unternehmen, sofern er diesen nicht überzeugt.

Und niemand wird dich kritisieren und durch Kritik zum Zweifeln bringen, ohne seine Kritik begründen zu können!

Neben dem Vorhandensein von Argumenten ist es wünschenswert, dass die Kritik auf eine konstruktive und aufbauende Art und Weise geäußert wird. Personen, die bei ihrer Kritik beleidigend sind oder übertreiben, schaden deinem Selbstwert in jedem Fall. Allerdings ist hier einzuräumen: Sollte die Person dich beleidigen, aber ihre Kritik gut begründen, dann nimm die Kritik trotzdem ernst – und hinterfrage, ob du etwas verbessern kannst. Ob du den Kontakt zu der Person beibehältst, entscheidest du im Individualfall. Einige Personen nutzen von Natur aus eine vulgäre Sprache und tun das im Rahmen ihrer Kritik vielleicht noch stärker. Wenn du dich ansonsten gut mit der Person verstehst und die Gespräche mit ihr dir prinzipiell ein gutes Gefühl geben, bleibst du am besten mit der Person in Kontakt. Weise sie aber darauf hin, dass du es besser fändest, wenn sie die berechtigte Kritik etwas rücksichtsvoller äußert.

Der Alpha-Mann weiß, dass er Beleidigungen nicht zu sehr auf die Waagschale legen sollte, denn diese rutschen manchmal deswegen heraus, weil einer Person viel an dir liegt und sie hofft, mit den harten Worten noch deutlicher zu dir durchzudringen. Erwarte bei Kritik nicht stets die sprichwörtliche Herangehensweise mit den Samthandschuhen. Vor allem die Alpha-Männer, die schon lange im Alpha-Business dabei sind, bekommen häufig härtere Kritiken zu hören, weil die Messlatte bei ihnen besonders hoch liegt. Letztlich bemisst sich die konstruktive Kritik in einem funktionierenden sozialen Umfeld nicht an der höflichen Formulierung, sondern daran, dass die Person ihre Kritik gut begründet. Mit der Begründung erhältst du nämlich die Steilvorlage dafür, Ansatzpunkte für Optimierungen zu erkennen. Wenn du weißt, wo du dich zu verbessern hast, fördert es deine Zielformulierung und Zielstrebigkeit, was wiederum für deine Entwicklung zum Alpha-Mann vorteilhaft ist.

Zusammenfassung

Selbstbewusstsein bestärkt dich in deinen Taten und Gedanken: Was du selbstbewusst durchführst, gelingt dir in der Regel besser und auch schneller. Um Selbstbewusstsein entwickeln zu können, musst du zunächst deine Fähigkeiten und Kenntnisse wahrnehmen und diese wertschätzen. Hierzu gibt es verschiedenste Methoden, die du in diesem Kapitel erlernt hast. Nutze die vielen Methoden, die du aus den Übungen kennst, insbesondere in der Anfangsphase deiner Entwicklung zum Alpha-Mann!

Mit der Zeit und dem Zuwachs an Erfolg in den verschiedensten Lebensbereichen wirst du immer weniger darauf angewiesen sein, die Übungen zu machen, um dir deiner Stärken bewusst zu sein. Es ist wahrscheinlich, dass du in den kommenden Wochen und Monaten häufiger mit einem grundlegenden Selbstbewusstsein verschiedenen Aktivitäten nachgehen und dich mit anderen Personen unterhalten wirst. Du wirst dir nicht mehr vor Augen führen müssen, wieso du selbstbewusst sein solltest, sondern es von Natur aus sein, weil du die vielen Dinge, die an dir besonders und wertzuschätzen sind, dank der Übungen aus diesem Kapitel dauerhaft verinnerlicht hast.

3. Säule: Reflektiere dich selbst

„Selbstreflexion" ist ein häufig genutztes Schlagwort – vor allem dann, wenn es darum geht, Leute darauf hinzuweisen, dass diese nicht selbstkritisch genug sind und sich hinterfragen sollten. Bereits an dieser Bemerkung wird deutlich, was ein häufiger Anstoßpunkt zur Selbstreflexion ist: negative Erlebnisse. Wer in seinem Leben oft Misserfolg hat, immer wieder Freunde verliert und keine Beziehung langfristig aufrechterhalten kann oder anderweitig Probleme hat, beginnt irgendwann damit, sich die Frage nach dem „Wieso" zu stellen. Dies setzt den Prozess der Selbstreflexion in Gang.

Der Alpha-Mann ist allerdings nicht auf negative Erlebnisse angewiesen, um den Prozess der Selbstreflexion zu starten. Er weiß von Natur aus, wie wichtig eine regelmäßige Selbstreflexion ist, um negative Erlebnisse zu vermeiden oder zumindest adäquat auf diese reagieren zu können. Dadurch fallen sowohl die Menge als auch die Dauer negativer Phasen und Erlebnisse im Leben des Alpha-Mannes geringer aus. Obendrein hilft die Selbstreflexion dem Alpha-Mann dabei, auch positive Situationen zu hinterfragen. Er weiß, wieso es zu positiven Situationen kommt, und kann dadurch besser Einfluss darauf nehmen, noch mehr dieser positiven Situationen zu erleben.

Das klingt gut für dich und du würdest gern ein ausgeprägtes Maß an Selbstreflexion haben? Dann werden folgende

Abschnitte für dich aufschlussreich sein! Zum Großteil besteht dieses Kapitel aus Übungen, denn die Vorteile und psychologischen Hintergründe der Selbstreflexion sind rasch geklärt.

Theoretischer Hintergrund zur Selbstreflexion

> „Als Selbstreflexion bezeichnet man die Fähigkeit des Menschen, über die eigene Situation nachzudenken. Reflexionen von äußeren oder inneren Beobachtungen können als Chancen zum Erkennen von Problemen und Ansatzpunkten für Veränderungen angesehen werden. Selbstreflexion setzt das Vermögen zur differenzierten Selbstbeobachtung und eine gewisse Distanz zu sich selbst voraus." (Stangl, 2023)

Diese Definition aus dem Online-Lexikon von Stangl gibt bereits Einblicke in die Praxis der Selbstreflexion: Es ist erforderlich, dass du Distanz zu dir selbst aufbaust. Die Notwendigkeit der Distanzierung zu dir selbst resultiert daraus, dass du ohne diese stets subjektiv beeinflusst sein wirst. Wenn du beispielsweise eine Diät durchziehen oder Muskeln aufbauen möchtest, aber beim Erreichen deines Ziels nicht vorankommst, wird dies bei dir womöglich den Prozess zur Selbstreflexion anregen. Du wirst dir Gedanken darüber machen, wieso du dein Ziel nicht erreichst. Dir wird das Problem, dass du zu selten trainierst, zwar auffallen, aber ohne eine Distanzierung zu dir selbst wirst du dir das Problem nicht ausreichend vor Augen führen. Ohne eine Distanzierung nämlich werden stets deine subjektiven Einflüsse einfließen: „Aber ich habe keine Lust, morgens aufzustehen." „Ich bin immer so erschöpft von der Arbeit."

Komponente #1: Distanziere dich von dir selbst

Keine Selbstdistanzierung zu praktizieren, bedeutet, automatisch all jene Ausreden in Gedanken zu haben, die dich permanent von deinen Bemühungen zum Erreichen deines Ziels ablenken. Daher setzt jede gelungene Selbstreflexion voraus, dass du dich von dir selbst distanzierst. Bestimmt fragst du dich nun, wie du das am besten hinbekommst.

Einen Lösungsansatz zur Selbstdistanzierung liefert die Psychologie, die das „Selbst" als einen Sammelbegriff für alle kognitiven Komponenten, die man von sich selbst hat, bezeichnet. Somit sind all deine Erwartungen, Gedanken, Meinungen und sonstigen „Dinge", die in deinem Gehirn herumschweben, Teil deines Selbst. Zur Distanzierung ist es erforderlich, dass du all das beiseitelegst. Obwohl dieser Cocktail aus kognitiven Kompetenzen einige zur Selbstreflexion notwendige Bestandteile enthält – beispielsweise spielt deine Erwartung, die Diät oder deinen Muskelaufbau hinzubekommen, im Reflexionsprozess eine zentrale Rolle –, ist das Problem, dass es sich um einen ungeordneten Cocktail handelt.

Der erste Schritt der Selbstreflexion, den du in diesem Kapitel lernst, wird daher darin bestehen, dich von dir selbst zu distanzieren und somit eine Basis für die Auseinandersetzung mit dir selbst zu schaffen. Diese Basis wird nicht von störenden Gedanken geprägt sein, die deine Selbstreflexion einschränken. Es wird eine klare und von Vorbelastungen freie Basis sein, auf der du dein Selbst ordnen wirst, um innerhalb der Ordnung nach Antworten auf all deine Fragen zu dir selbst zu suchen.

Komponente #2: Ordne deine Gedanken

Die biologische Sichtweise auf die Selbstreflexion veranschaulicht den Prozess dessen, wie sich im Zuge der Selbstreflexion Überlegungen ergeben: Verschiedene neuronale Muster werden entwickelt und miteinander abgeglichen. Überlegungen entstehen und neue Wege und Überzeugungen können sich so formen. Aus diesem Punkt lässt sich eine neben der Selbstdistanzierung wichtige zweite Komponente der Selbstreflexion schlussfolgern. Diese Komponente sieht vor, dass du deine Gedanken ordnest und miteinander abgleichst. Um dies effizient zu schaffen, braucht es einen Fokus.

Du legst deinen Fokus auf einen Aspekt, wie beispielsweise deinen ausbleibenden Diät- oder Trainingserfolg oder die gescheiterte Beförderung, und ordnest deine Gedanken so, dass sie speziell auf die Reflexion dieses Aspekts ausgerichtet sind. Um es noch verständlicher zu machen: Ausgehend von beispielsweise deinem Problem, überlegst du dir alle Faktoren, die zum Entstehen dieses Problems beigetragen haben könnten und darauf einen Einfluss genommen haben oder nach wie vor nehmen. Dabei fragst du dich, welchen Einfluss genau diese Faktoren ausüben und ob bzw. wie sie sich beseitigen lassen. Du berücksichtigst auch, wie sich die Faktoren untereinander beeinflussen.

Beispiel

Dein mangelnder Diäterfolg könnte als Ursachen die Übermüdung von der Arbeit und eine ungesunde Ernährung haben. Tatsächlich wäre es möglich, dass diese Faktoren sich gegenseitig beeinflussen, denn eine ungesunde Ernährung kann die geistige Leistungsfähigkeit beeinträchtigen und auf diesem Wege die Übermüdung von der Arbeit verstärken. Eventuell würde es dir schon helfen, lediglich die Ernährung umzustellen, um eine größere Motivation und mehr Erfolg bei der Diät zu verspüren.

Zusammenhänge wie dieser zwischen der Übermüdung sowie der ungesunden Ernährung werden kaum klar, wenn du dich nicht von dir selbst distanzierst und dir nicht die Zeit nimmst, deine Gedanken zu ordnen und mit Fokus auf ein Problem nach den Ursachen und Einflussfaktoren zu suchen.

Dieser Sachverhalt ist letztlich durch die Biologie gut veranschaulicht, die von neuronalen Mustern und deren Abgleich aufeinander spricht. Indem du Zusammenhänge durchblickst, sowie die komplexen Ursachen für Probleme aufdeckst, gleichst du neuronale Muster aufeinander ab und stellst qualitativ hochwertige Überlegungen an. Diese Überlegungen sind es dann, die dir den Weg zu einem weiteren wesentlichen Bestandteil der Selbstreflexion eröffnen: zur Entwicklung neuer Wege.

In diesem Kapitel erhältst du mehrere Methoden und Übungen zur Ordnung deiner Gedanken sowie deren Abstimmung aufeinander an die Hand. Speziell die Abstimmung deiner Gedanken aufeinander wird dir bei der Selbstreflexion anfangs viel Übung abverlangen, aber dir gleichzeitig deine größten Fortschritte auf dem Weg zum Alpha-Mann bescheren. Du wirst bei den Übungen merken, wie komplex Probleme manchmal sind, weil sie von zahlreichen Faktoren beeinflusst werden können. Dabei machst du vielleicht ein ums andere Mal die faszinierende Erkenntnis, dass die Beseitigung eines Problemfaktors ausreicht, um auch alle anderen Problemfaktoren zu mindern. Du entwickelst bei deinen Überlegungen im Zuge der Selbstreflexion effiziente Wege und Überzeugungen, um deine Probleme möglichst einfach zu lösen oder – da Selbstreflexion nicht nur in negativen Phasen stattfinden sollte – du wirst neue Wege und Überzeugungen entwickeln, um deinen Erfolg zu steigern sowie dein ohnehin gutes Leben noch weiter zu verbessern.

Komponente #3: Entwickle neue Wege und Überzeugungen

Aus dem zweiten Schritt hast du Überlegungen bezüglich der Ursachen für dein Problem (oder auch deinen Erfolg) generiert und versucht, Zusammenhänge zwischen den Ursachen zu durchblicken. Du kannst auf Basis des Überlegten nun schlussfolgern, welche Lösungen sich anböten, um deine Situation zum Besseren zu wenden.

Wenn du bereits zufrieden bist, kannst du alles beim Alten belassen oder prüfen, welche Optimierungen du vorsichtig vornehmen könntest, um noch mehr Erfolg zu haben – wenn es keine Probleme gibt, ist es aber nicht unbedingt notwendig, irgendetwas zu ändern. Normalerweise sollen Veränderungen eher dann stattfinden, wenn du unzufrieden bist oder ein Problem hast.

Auf Basis deiner Überlegungen aus dem zweiten Schritt stellst du Annahmen auf, welche konkreten Änderungen du vornehmen könntest und was diese dir bringen könnten. So erhältst du schließlich ein Sammelwerk an möglichen Problemlösungen. Du überlegst dir dabei, welche der Problemlösungen in deiner Situation am meisten Sinn ergeben. Eine oder mehrere potenzielle Problemlösungen formulierst du als Ziele: Du möchtest XY machen, um deine Situation zu verbessern. Im Anschluss setzt du dein Vorhaben in die Tat um und schaust, ob dir der aus deiner Selbstreflexion resultierende Verbesserungsvorschlag etwas bringt und dir in deiner Situation tatsächlich hilft – du nimmst sozusagen ein permanentes Monitoring deines neuen Weges vor und schaust, ob sich an deiner Situation tatsächlich etwas bessert.

Wie dieser dritte und letzte Schritt der Selbstreflexion vonstatten geht, lernst du ebenfalls anhand spezieller Übungen in diesem Kapitel. Dabei stellst du fest, dass mit dem letzten Schritt der Selbstreflexion tatsächlich nichts abgeschlossen ist. Die Selbstreflexion ist nämlich im Grunde ein Kreislauf, der sich immer wiederholt.

Du solltest regelmäßig in dich gehen und – auch wenn du glücklich bist – ausgiebig über deine Stimmung, deine aktuellen Aktivitäten, deinen Beruf, dein soziales Umfeld und andere wesentliche Aspekte nachdenken, um Probleme, die sich anbahnen, frühzeitig zu erkennen sowie um Erfolge zu bewahren und auszubauen. Durch Selbstreflexion bringst du den guten Phasen deines Lebens zudem mehr Wertschätzung entgegen.

Übungen zur Selbstdistanzierung

Übung 1

Für diese erste Übung suchst du dir Unterstützung von außen. Du setzt dich mit einer Person zusammen, der du vertraust und die deiner Ansicht nach einiges an Lebenserfahrung hat. Eine Person mit diesem Profil eignet sich für die Übung gut. Du tauschst dich mit der Person darüber aus, wie sie dich wahrnimmt und welche Verbesserungsvorschläge sie für dich hat. Du kannst ein bestimmtes Problem konkret benennen (z. B. gescheiterte Diät) und dir diesbezüglich Ratschläge von der Person geben lassen.

Besonders reizvoll ist diese Übung, wenn du eine Person findest, die auf deinem Problemgebiet ein Experte ist. Wer beispielsweise schon selbst eine oder mehrere Diäten mit Erfolg durchlaufen hat, könnte mit den Fallstricken vertraut sein und dir in Bezug auf deine Probleme am besten helfen. Insbesondere unter zwischenmenschlichen Gesichtspunkten dürfte dir die Person helfen, denn sicher kann sie sich in deine Gemütslage hineinversetzen, da sie selbst vor dem

Beginn ihrer Diät an einem ähnlichen Punkt war wie du. Ein letzter Tipp zu dieser Übung: Setze dich mit der Person Rücken an Rücken, denn wenn ihr euch nicht in die Augen seht, fällt es ihr vielleicht einfacher, offen mit dir über deine Schwächen zu sprechen sowie dir Verbesserungsvorschläge zu geben. Jemandem bei einem offenen Gespräch in die Augen zu sehen, kann anspruchsvoll sein und Personen bei gewissen Aussagen hemmen.

Übung 2

Du nimmst dir Zeit an einem ruhigen Ort, etwa bei dir zu Hause. Mache es dir in einem Sessel oder auf der Couch gemütlich und schließe deine Augen! Stell dir vor, du bist im Kino. Du schaust auf eine Leinwand und auf der Leinwand erscheinst du. In dem Film, der gerade läuft, siehst du dich in deiner Problemsituation. Beispielsweise siehst du dich, wie du Tag für Tag später aufstehst als gewollt, den Tag bis 11 Uhr dadurch verpennst und deswegen ziemlich unglücklich bist. Du siehst dich so, wie dich Außenstehende sehen würden, und erlangst dadurch einen neuen Blickwinkel auf die Situation. Notiere dir im Anschluss an die Übung, sobald der „Film“ vorbei ist, die Gedanken und Gefühle, die du als außenstehender Zuschauer hast. Schreibe außerdem auf, welche Ratschläge du der Person (es geht um dich) geben würdest und überlege dir – ganz in der Rolle des Außenstehenden – wie sich die Probleme der Person lösen ließen.

Am besten führst du diese Übung mehrmals pro Woche durch und nimmst dir mindestens 15 Minuten Zeit, um den Film vor deinem inneren Auge laufen zu lassen. Du solltest mehrere verschiedene Filme laufen lassen, um dir ins Gedächtnis zu rufen, welche Erfolge du erzielt hast oder welche Probleme du hast – je mehr Bereiche deines Lebens du reflektierst, umso besser ist es. Beachte dabei aber, dass du zwischen den verschiedenen Filmen – also den verschiedenen Selbstreflexionen – einiges an Zeit verstreichen lassen solltest, um genügend Zeit zur Selbstreflexion zu haben.

Beispielsweise kannst du vormittags ein Problem von dir reflektieren und abends eine Stärke von dir. So hast du reichlich Abstand zwischen den Filmen und sorgst dafür, dass du in den Stunden danach noch neue Ideen, die dir zur Selbstreflexion aufkommen, verarbeiten kannst. Falls du hingegen drei verschiedene Themen in einer Sitzung reflektierst, kannst du dich wahrscheinlich auf keines davon adäquat konzentrieren, um die Übung richtig durchzuführen sowie möglichst viele Gedanken zu dem jeweiligen Thema zusammenzutragen.

Übung 3

Die Meditation, die die dritte Übung ist, ermöglicht es dir, deinen Gedanken freien Lauf zu lassen. Setze dich in einer ruhigen Umgebung bequem hin, schließe deine Augen und atme ruhig durch den Mund in den Bauch ein und durch die Nase wieder aus. Konzentriere dich allein auf die Atmung und erlaube keine anderen Gedanken. Nachdem du 50- bis 100-mal langsam ein- und ausgeatmet hast, kannst du damit anfangen, Gedanken zuzulassen. Sinnvoll ist es, zu schauen, welche Gedanken dir als Erstes durch den Kopf schießen. Denn dies sind oft die Gedanken, die dich am meisten beschäftigen und dir einen Einblick in dein tiefstes Inneres geben. Alternativ kannst du deine Gedanken bei der Meditation auf ein bestimmtes Thema fokussieren und schauen, ob dir im Verlaufe der Meditation neue Einfälle kommen.

Mache dir nach der Meditation Notizen zu deinen Gedanken während der Meditation. So hältst du die Ergebnisse deiner Sitzung fest. Plane dir für eine Meditation am besten eine Stunde ein und nimm dir pro Woche mindestens einmal Zeit dafür. Ob deine Sitzung am Ende nur 15 Minuten oder sogar anderthalb Stunden dauert, lässt sich nicht voraussagen. Beachte lediglich die Regel, dass du, sobald du erst einmal in einem Flow aus Gedanken bist, die Meditation keinesfalls unterbrechen solltest. Im Flow werden dir nämlich voraussichtlich wichtige und komplett neue Ideen kommen.

Übrigens: Die Bauchatmung, die du bei der Meditation durchführst, ist eine Form der Anti-Stress-Atmung. Du distanzierst dich bei der Meditation daher nicht nur durch die Konzentration auf den Rhythmus der Atmung und die richtige Durchführung der Atmung vom Alltag, sondern ebenso durch die Atmung an sich.

Übungen zur Ordnung der Gedanken

Folgende erste Übung bringt dir bei, deine Gedanken themenbezogen zu ordnen. Dieser Schritt ist sinnvoll, wenn du genau weißt, über welches Thema du nachdenken möchtest. Falls du ein Problem identifiziert und dir mithilfe der vorigen drei Übungen Gedanken speziell zu diesem Problem gemacht hast, ist diese Übung sehr gut für dich geeignet. Wieder von dem Beispiel der Diät ausgehend: Du erachtest deine bisher gescheiterte Diät als ein Problem. Nun möchtest du deine Gedanken zu dem Problem so ordnen, dass du die Ursachen, die Einflussfaktoren sowie möglichst viele weitere Aspekte des Problems durchblickst. Hierfür erweist sich das Clustering als hilfreich.

> ***Übung 1***
>
> Du nimmst ein Blatt Papier zur Hand und schreibst oben als Überschrift das Thema auf, zu dem du Gedanken sammeln möchtest. Anschließend unterteilst du die Schreibfläche in mehrere Spalten. Diese benennst du wie folgt: Gefühle, Ursachen, negative Einflüsse, positive Einflüsse, weitere Gedanken. Darauf, wie du diese Spalten füllst, wird unterhalb dieser Übungsbox näher eingegangen. Indem du deine Gedanken in die Spalten einordnest, kategorisierst du sie und schaffst eine Vorlage dafür, um geordnet über Lösungen nachzudenken.

Zur näheren Erklärung, wie du die Spalten mit Inhalten füllst:

- Gefühle: Hier schreibst du über die Gefühle, die du hast, wenn du mit dem Thema deiner Selbstreflexion konfrontiert wirst. Bei Problemen sind es meist negative Gefühle (Enttäuschung, Angst, Zweifel etc.), doch sehr wohl können sich hierunter auch positive Gefühle mischen. Wenn du beispielsweise eine Sache aufschiebst, könntest du dich erleichtert fühlen, sie nicht machen zu müssen. Ebenso können sich bei positiven Themen, über die du reflektierst, negative Emotionen untermischen, weil du beispielsweise gern größeren Erfolg hättest und mit dem bislang Erreichten nicht vollends zufrieden bist.
- Ursachen: Du machst dir Gedanken darüber, welche Ursachen es für das jeweilige Problem bzw. für den jeweiligen Erfolg geben könnte. Notiere zum einen die offensichtlichen Ursachen und denke zum anderen längere Zeit darüber nach, ob es nicht irgendwelche weniger offensichtlichen Ursachen gibt, denen du bisher keine Beachtung geschenkt hast, aber die

für deine negative bzw. positive Situation stark ausschlaggebend sein könnten.

- Negative und positive Einflüsse: In zwei verschiedenen Spalten notierst du Faktoren – ob es nun Gedanken, Handlungen, Hobbys oder andere Menschen sind –, die dich in Bezug auf das jeweilige Thema negativ und positiv beeinflussen. Es ist bei deiner Suche nach Lösungen im Rahmen der Selbstreflexion naheliegend, dass du die positiven Einflüsse verstärken und die negativen Einflüsse minimieren solltest. Eventuell fällt dir auf, dass dich lediglich eine Person negativ beeinflusst und sie der Hauptgrund dafür ist, dass du ein bestimmtes Problem hast oder deinen Erfolg nicht noch weiter ausbauen kannst. In diesem Fall wäre ein Gespräch oder die Reduzierung des Kontakts zu der jeweiligen Person sinnvoll.
- Weitere Gedanken: Alles, was durch die bisherigen Spalten nicht abgedeckt ist, aber für die Selbstreflexion von Belang sein könnte, trägst du in diese Spalte ein.

Übung 2

Trage ein kleines Buch oder einen Notizblock mit dir und mache dir im Tagesablauf zu verschiedenen Situationen Notizen über deine Gefühle. Wenn dir das Mitführen des Büchleins oder Notizblocks zu aufwendig ist, kannst du dein Smartphone nutzen – allerdings ist es besser, sich handschriftlich Notizen zu machen. Du hältst deine Gefühle in verschiedenen Situationen im Tagesablauf fest und hast dadurch den Vorteil, dass du deine Gefühle und Gedanken im Trubel des Alltags nicht vergisst. Manchmal gehen einzelne Gedanken verloren oder sie verschwimmen zusammen mit anderen Gedanken und Gefühlen, die sich im Tagesablauf ansammeln. Durch das Aufschreiben deiner Eindrücke direkt nach einem Erlebnis sorgst du dafür, dass du keine Gefühle und Gedanken vergisst.

Folglich bist du im Nachhinein besser imstande, zu beurteilen, welchen Einfluss bestimmte Situationen, Aktivitäten und Menschen im Tagesablauf auf dich nehmen. Dies kann dich dazu veranlassen, Dinge in deinem Leben zu verändern.

Übung 3

Diese dritte Übung ist nicht themenspezifisch, sondern für eine allgemeine Selbstreflexion vorgesehen. Wenn dir kein konkretes Thema einfällt, über das du nachdenken möchtest, oder du deine Situation und dein Leben im Allgemeinen reflektieren möchtest, ist diese Übung ideal. Du nimmst – am besten direkt nach der Meditation – den folgenden Fragenkatalog zur Hand und denkst über die Fragen daraus nach. Nimm dir dafür reichlich Zeit! Stell dir bei jeder Sitzung nur eine Frage und nimm dir zum Nachdenken 30 Minuten oder sogar mehr Zeit, um sie möglichst gut zu beantworten.

Hier der Fragenkatalog:

- Welche Entscheidungen würde ich rückblickend anders treffen? Und warum?
- Wann habe ich entgegen meinen wahren Bedürfnissen gehandelt und wie fühlte sich das an?
- In welchen Situationen fühlte ich mich komplett im Einklang mit mir selbst?
- Welches Problem habe ich gelöst und was kann ich daraus für zukünftige Herausforderungen mitnehmen?
- Welches Problem oder welchen Konflikt konnte ich nicht lösen? Woran lag es?

- Welche Erkenntnisse aus der vergangenen Woche nehme ich mit in die neue?
- Worauf bin ich stolz?
- Wofür bin ich dankbar?
- Was zeichnet mich aus?
- Habe ich eine Idee, was mich glücklich und zufrieden macht?
- Tue ich in meiner Arbeit das, was meinen Stärken entspricht? Oder: Tue ich in meiner Freizeit das, was meinen Neigungen entspricht?
- Was kann ich gut?
- Wonach möchte ich streben?
- Welche Merkmale möchte ich weiter in mir ausbilden?
- Welche Wünsche habe ich für mein Leben und was fehlt mir?

Quellen: Gutknecht, L. (2023)

Übungen zur Entwicklung neuer Wege und Überzeugungen

Übung 1

Diese Übung bildet eine unmittelbare Fortsetzung der ersten Übung aus dem vorigen Abschnitt. Du hast die Spalten auf einem Blatt Papier mit Inhalten gefüllt und bist nun bereit, nach Zusammenhängen und Lösungen zu suchen, um schließlich neue Wege zur Problemlösung zu entwickeln? Gehe also folgendermaßen vor: Du suchst zunächst nach Zusammenhängen zwischen den Ursachen, negativen sowie positiven Einflüssen und weiteren Gedanken, die du in deinen Spalten aufgeschrieben hast. Beispielsweise könnte dir bei deinen Überlegungen auffallen, dass sämtliche Ursachen für ein Problem einen gemeinsamen Ursprung haben: nämlich die Tatsache, dass du zu spät aufstehst. Folglich hättest du deine Gedanken geordnet und könntest nach einer Lösung dafür suchen, wie du es schaffst, früher aufzustehen.

Ordne deine gesamten Notizen, indem du schaust, welcher Lösungsansatz die meisten negativen Einflüsse eliminiert und die meisten Ursachen für dein Problem bekämpft. Gegebenenfalls kommen dir bei der Suche nach Zusammenhängen Ideen für besonders effiziente Lösungsansätze. Indem du Zusammenhänge zwischen negativen Einflüssen, sowie Ursachen für dein Problem aufdeckst, kannst du Lösungen entwickeln, die sowohl die negativen Einflüsse als auch deren Ursachen bekämpfen. So schlägst du mehrere Fliegen mit einer Klappe – um es sprichwörtlich zu formulieren.

Übung 2

Die Walt-Disney-Methode ist eine Kreativitätstechnik, die sowohl zu beruflichen Zwecken als auch in kreativen Bereichen genutzt wird, um auf Ideen zu kommen. Nun nutzt du sie und durchläufst dabei vier Durchgänge: Im ersten Durchgang nimmst du die Rolle des „Träumers" ein, dem alles erlaubt ist. Die Erarbeitung kreativer Lösungen für deine Probleme hat hierbei keine Grenzen. Du schreibst einfach alle Lösungen auf, die dir einfallen – seien es auch noch so fantasievolle. Daraufhin nimmst du die Rolle des Realisten ein und notierst auf einem anderen Blatt Papier alle Lösungen, die dir in deiner gegenwärtigen Situation und in Bezug auf deine gegenwärtigen Ressourcen realistisch erscheinen. Zuletzt schlüpfst du in die Rolle des Kritikers, der pessimistisch ist. Du hältst nur jene Lösungen fest, die definitiv umsetzbar sind und einen geringen Einsatz von Aufwand erfordern. Am Ende absolvierst du eine vierte Runde, bei der du die Ideen aus den drei Rollen zusammenführst und prüfst, ob sie dich vielleicht auf einen Lösungsansatz bringen, der dir besonders praktisch erscheint.

Übung 3

Diese Übung ist für dich sinnvoll, wenn du aus den ersten beiden Reflexionsdurchgängen keine oder kaum Erkenntnisse mitgenommen hast. Vielleicht fällt dir kein Grund dafür ein, weshalb du nicht zufrieden bist oder eine Leere in dir spürst. Daher sieht die dritte Übung vor, dass du auf gut Glück einfach irgendeinen neuen Weg ausprobierst. Suche dir beispielsweise ein neues Hobby oder eine neue Aktivität – oder engagiere dich irgendwo ehrenamtlich und horche nach einigen Wochen in dich hinein, was die Veränderung in dir bewirkt und ob sich etwas zum Besseren wendet.

Vielleicht hast du als Jugendlicher Interesse an einer Aktivität (z. B. Handwerk, Tanzen, Sportart) gehabt, aber bist dieser nie nachgegangen. Auch wenn du jetzt nicht den Drang verspürst, dieser Aktivität nachzugehen, könntest du sie trotzdem ausprobieren. Manchmal erhält man Antworten auf die Fragen, was man wirklich will und warum man unzufrieden in seinem Leben ist, erst dann, wenn man neue Sachen ausprobiert. Der Alpha-Mann weiß das nur allzu gut und entscheidet sich hin und wieder, wenn ihn eine unerklärliche innerliche Leere beschleicht, ohne klaren Plan und aus seinem Bauch heraus, aus dem Alltagsmuster auszubrechen. Beispielsweise meldet er sich bei einem Kreativ-Kurs an oder macht einen Motorboot-Führerschein, weil er sich zurückerinnert, dass er irgendwann einmal Lust darauf hatte.

Zusammenfassung

Der Selbstreflexionsprozess umfasst vor allem folgende drei Komponenten: die Selbstdistanzierung, die Ordnung der Gedanken sowie die Entwicklung neuer Wege und Überzeugungen. Nicht immer muss die Selbstreflexion so verlaufen, dass du all diese Komponenten der Reihe nach durchführst. Wie du zuletzt erfahren hast, erweist es sich manchmal als hilfreich, auf gut Glück irgendetwas Neues in seinem Leben auszuprobieren.

Dennoch solltest du dich bei der Selbstreflexion nach Möglichkeit um einen geordneten Prozess bemühen und dich daher an die vorgestellte Reihenfolge halten: Distanziere dich zunächst von dir selbst, suche dir dann ein Thema aus und mache dir dazu Gedanken, die du anschließend ordnest, um auf diese Weise möglichst clevere und effiziente Wege oder neue Überzeugungen zu entwickeln, und etwas in deinem Leben zu verbessern. Dank der Übungen in diesem Kapitel hast du für einen solchen Selbstreflexionsprozess reichlich Hilfestellung und Anleitung erhalten.

4. Säule: Positive Routinen entwickeln

Die Entwicklung positiver Routinen kann dir eine der größten Hilfen auf deinem Weg zum Alpha-Mann sein. Womöglich ist dir das machtvolle Werkzeug der Routinen unter dem Begriff „Gewohnheiten“ geläufiger. Bei Gewohnheiten handelt es sich um Automatismen. Es sind Handlungen und Gedankengänge, die dir automatisch kommen.

- Wenn du ohne das Klingeln des Weckers morgens fast jeden Tag um sechs Uhr aufstehst, handelt es sich um eine Gewohnheit. Diese hat sich derart tief in dein Unterbewusstsein eingebrannt, dass du sogar aus dem Schlaf erwachst, um diesem Automatismus nachzugehen.
- Nach der Arbeit im Büro jeden Tag zum Sport zu gehen, um sich nach der Büroarbeit auch einmal körperlich zu betätigen, ist ebenfalls eine Gewohnheit.
- Zudem gehören die abendlichen Tagebucheinträge, wenn du sie wirklich jeden Abend machst und dir dafür in aller Ruhe Zeit nimmst, zu den Gewohnheiten.

Was haben alle diese Gewohnheiten gemeinsam? Es handelt sich um positive Gewohnheiten. Sicher gibt es Tage, an denen man länger als bis sechs Uhr morgens schlafen sollte, oder solche, an denen man zu erschöpft für den Sport nach der Arbeit ist, auf seinen Körper hören und auf das Training verzichten sollte – das sind die wenigen Ausnahmen, in denen man seiner Gewohnheit nicht nachgeht.

Betrachtet man aber das große Ganze, dann handelt es sich bei den drei Beispielen aus der Aufzählung um positive Gewohnheiten, weil du durch frühes Aufstehen mehr vom Tag hast, Sport positive Auswirkungen auf deine Leistungsfähigkeit und deinen Hormonspiegel hat sowie eine regelmäßige Tagebuchführung deine Selbstreflexion fördert. Falls dir die Gewohnheiten in den Beispielen nicht gefallen oder dir deren Umsetzung schwerfällt, suchst du nach anderen positiven Routinen.

Wichtig ist – ob diese oder andere Gewohnheiten –, dass du positive Routinen etablierst, denn ohne positive Routinen wird dir dein Weg zum Alpha-Mann äußerst schwerfallen. Wer sich an nichts gewöhnt, muss viel darüber nachdenken, was er als Nächstes macht und wie er es macht. Gewohnheiten nehmen dir diesen Aufwand ab. Du kennst es wahrscheinlich vom Auto- oder Fahrradfahren: Anfangs musstest du dich noch auf viele einzelne Sachen konzentrieren (Verkehrsbeobachtung, Gangschaltung, Geschwindigkeitsbegrenzung einhalten etc.), doch mit der Zeit haben sich einzelne Abläufe automatisiert, weil du die Gangschaltung intuitiv nebenbei erledigt und ein Gefühl für die richtige Geschwindigkeit gewonnen hast. So ist es auch beim Alpha-Mann – nur, dass dieser die Macht der Gewohnheit über das Auto- und Fahrradfahren hinaus anwendet.

Der Alpha-Mann hat sich beispielsweise ein bis zwei Hobbys vorgenommen, ein paar Zeitfenster pro Woche für frisches und gesundes Kochen reserviert und noch einige andere Dinge ausgesucht, die er regelmäßig und konsequent macht. Diese Dinge werden mit der Zeit zur Gewohnheit. Er muss sich zum Sport, Gitarre spielen oder zu anderen Sachen nicht zwingen, denn sie sind ein fester Bestandteil seines Lebens geworden. Er tut einfach das, was er sonst auch immer tut. Mit dem, was er dabei tut, fördert er seinen Alpha-Mann-Status, denn er hat sich ausschließlich auf positive Gewohnheiten festgelegt.

Einige dieser positiven Gewohnheiten lernst du in diesem Kapitel kennen. Es sind relativ bekannte Gewohnheiten – diese Tatsache sollte allerdings nicht die Relevanz der nächsten Abschnitte schmälern. Denn obwohl fast jede Person folgende Gewohnheiten kennt, macht sie die hilfreichen Gewohnheiten nicht immer zum Teil ihres Alltags. Das ist ein Fehler, denn simple und allgemein bekannte Gewohnheiten wie die folgenden sind wichtige Instrumente auf deinem Weg zum Alpha-Mann. Suche dir daher eine bis zwei Gewohnheiten aus diesem Kapitel aus und binde sie allmählich in deinen Alltag ein. Du wirst bestimmt eine Verbesserung in deiner allgemeinen Lebensqualität feststellen. Sobald du es dir zutraust, kannst du auch weitere positive Routinen in deinen Alltag einbinden, wenn du dafür ausreichend Zeit hast. Je mehr gute Gewohnheiten du entwickelst, desto leichter wird dir dein neues Alpha-Mann-Leben fallen.

Positive Ernährungsgewohnheiten etablieren

Positive Ernährungsgewohnheiten helfen dir mit Blick auf deine geistige sowie körperliche Leistungsfähigkeit und ebenso in Bezug auf deine Stimmung. Der Zusammenhang der Ernährung mit der Psyche sowie der körperlichen Leistungsfähigkeit wird seit rund zwei Jahrzehnten intensiv erforscht. Dass die Ernährung einen wesentlichen Einfluss auf den Körper ausübt, ist schon seit längerem bekannt, aber die Auswirkungen der Ernährung auf den Geist sind ein neues Forschungsgebiet. Zusammenhänge von ungesunder Ernährung mit der Häufigkeit von Angststörungen und Depressionen werden zunehmend auf Websites und in Studien thematisiert. (Rehberg, 2023; Jacka et al., 2010; Europäische Kommission, 2019; Stetka, 2017)

Besonders interessant wird der Sachverhalt, wenn man sich die Rolle und Funktion des Darms im menschlichen Körper vor Augen führt. Der Darm ist nämlich nicht nur ein Verdauungsorgan, sondern zudem über ein komplexes Nervengeflecht mit dem Gehirn verbunden. Dabei nimmt er Einfluss auf die Ausschüttung bestimmter Hormone, die für das menschliche Glücksempfinden und für die Motivation von wesentlicher Bedeutung sind. Noch ist diese Funktion des Darms relativ unerforscht, aber bereits jetzt wird dem Darm in Forscherkreisen und in Fachmedien der Beiname „das zweite Gehirn" verliehen.

Auch in Hinsicht auf dein Wohlbefinden bildet die Ernährung einen Schlüsselfaktor. Dies zeigt sich allem voran bei der Gewichtszunahme und -abnahme. Ein Kalorienüberschuss führt zur Gewichtszunahme, während ein Kaloriendefizit eine Gewichtsabnahme bewirkt. Das ist eine wichtige Regel, die du dir merken solltest, um deine Ziele zur Diät oder zum Muskelaufbau zu erreichen.

Während du in Diätphasen weniger Kalorien zu dir nehmen solltest, als du verbrauchst, ist beim Muskelaufbau zunächst ein Kalorienüberschuss praktisch, um deine Ziele leichter zu erreichen. Danach folgt die Diät, in der du Fett schmelzen sowie darunter die gestählten Muskeln hervorblicken lässt. Passend hierzu gibt es in Kraftsportkreisen den Spruch: „Das Sixpack wird zu 90 Prozent in der Küche gemacht." Hierunter ist zu verstehen, dass du nur mit der richtigen Ernährung einen drahtigen und definierten Körper mit einem hohen Muskel- und geringen Fettanteil erreichst, bei dem sich die Bauchmuskulatur deutlich abzeichnet.

> ***Hinweis!***
>
> Tatsächlich ist der simple Grund, warum die meisten Diäten scheitern, das fehlende Kaloriendefizit. Einige Personen machen vieles richtig, übersehen aber die Details. Beispielsweise bedenken viele nicht, dass ein Liter eines Softdrinks bereits rund 500 Kalorien haben kann. Während beim Essen alles richtig gemacht wird, ist es die Flasche Cola jeden zweiten Tag, die den gesamten Diäterfolg vermasselt oder dafür sorgt, dass die Diät lediglich schleppend vorangeht und der Betreffende schnell demotiviert ist. Wenn bei deiner Diät etwas nicht wie geplant läuft, dann rechne einmal genau deine Kalorienzufuhr durch und schaue, ob du bei 1.000 bis 1.500 Kalorien pro Tag bist – das solltest du in einer Diät als Erwachsener im Schnitt anpeilen – oder ob du über diesem Kalorienmaximum liegst.

Abgesehen von der Frage nach dem Kalorienüberschuss und -defizit, ist für die körperliche und ebenso für die geistige Gesundheit eine ausreichende Mineralstoff-, Vitamin- und Wasserzufuhr zu beachten. Angesichts der vielen wichtigen Aspekte, die zu berücksichtigen sind, kommt nun die Frage auf: Was muss ich eigentlich tun, um mich gesund zu ernähren?

Ratschläge zur Umsetzung einer gesunden Ernährung

Um beim Kalorienüberschuss und dem Kaloriendefizit anzusetzen: Man geht davon aus, dass der durchschnittliche erwachsene Mann etwa 2.000 Kalorien pro Tag verbrennt. Wenn du besonders viel Sport machst oder einer harten beruflichen Tätigkeit nachgehst, sind es einige Kalorien mehr. Bist du hingegen ein Couch-Potato, kannst du davon ausgehen, dass du 100 bis 200 Kalorien weniger verbrennst.

Möchtest du deine Kalorienzufuhr an eine Diät oder den Muskelaufbau anpassen, gehst du am besten von den soeben genannten Werten aus und führst deinem Körper zur Diät 500 Kalorien weniger zu, als du verbrauchst, oder zum Muskelaufbau 300 Kalorien mehr, als du verbrauchst. Beobachte, wie sich dein Körper entwickelt, und nimm gegebenenfalls Anpassungen an der Kalorienzufuhr vor.

Nachdem du nun weißt, wie viel (in Kalorien) du essen solltest, bist du bereit dafür, zu erfahren, was du essen solltest. Für eine ausreichende Wasserzufuhr sind zwei bis drei Liter Wasser pro Tag angemessen; bei viel sportlicher Betätigung darf es gern mehr sein. Was die Mineralstoff- und Vitaminzufuhr betrifft:

- Iss drei verschiedene Gemüse- und zwei verschiedene Obstsorten pro Tag.
- Führe dir außerdem ein bis zwei Mal pro Woche fettreichen Meeresfisch zu.
- Zudem bilden Nüsse und Hülsenfrüchte gute Quellen für Mineralstoffe und Vitamine.

Mit einer abwechslungsreichen Ernährung dürfte es dir gelingen, all diese Faktoren abzudecken. Da es aber selbst bei einer abwechslungsreichen Ernährung zu Mangelerscheinungen kommt (z. B. im Winter zu wenig Vitamin D, was zu psychischer Abgeschlagenheit sowie Müdigkeit führen kann), solltest du ein Mal jährlich einen Check deines Blutspiegels beim Arzt vornehmen. Er wird dich beraten, was du bei einem Vitamin- oder Mineralstoffmangel machen kannst.

Mit einer ausreichenden Vitamin- und Mineralstoffzufuhr legst du die Basis dafür, um körperlich langfristig leistungsfähig und gesund zu bleiben. Erkrankungen der Augen und Einschränkungen des Sehvermögens, Müdigkeit, Unwohlsein, Demenz, Verdauungsstörungen, Krämpfe, Herzrhythmusstörungen – so unterschiedlich die körperlichen Symptome bzw. Erkrankungen in dieser Liste sind, so gleich kann deren Ursprung sein, der eventuell in einem Mineralstoff- und/oder Vitaminmangel besteht. Eine vollwertige und abwechslungsreiche Ernährung verhilft dir entscheidend zur Prävention dieser sowie diverser weiterer gesundheitlicher Probleme.

Der Alpha-Mann ist sich all dieser Dinge bewusst. Er verfügt über ein waches Erscheinungsbild voller Elan, weil er die genannten Basics bei der Ernährung beachtet. Sicher gönnt er sich hin und wieder einmal eine Portion Pommes oder einen Burger, weil er sein Leben auch mit dem Geschmackssinn genießen möchte. Doch bevor er sich etwas gönnt, legt er mit einer gesunden und vollwertigen Ernährung eine ausgezeichnete Basis. Zudem hält er seinen Fast-Food-Konsum in Grenzen.

Nachdem du auf ausreichend Wasser, Vitamine und Mineralstoffe in deiner Ernährung geachtet hast, kannst du die restlichen Lebensmittel mehr oder weniger nach Belieben auswählen. Dabei bietet sich eine Verteilung von ca. 60 Prozent Kohlenhydraten, 25 Prozent Fett und 15 Prozent Eiweiß an – das ist die Makronährstoff-Verteilung. Möchtest du Muskeln aufbauen, dürfen es gern mehr Eiweiße und dafür weniger Kohlenhydrate und/oder Fette sein. Versuche, gesättigte Fettsäuren in deiner Ernährung zu umgehen und keine Transfettsäuren zu dir zu nehmen. Industriell verarbeiteter Zucker ist ebenfalls schädlich. Ideal sind komplexe Kohlenhydrate anstelle von Zucker und Stärke, weshalb du auf Vollkornprodukte zurückgreifen solltest. Je natürlicher deine Ernährung ist, desto einfacher erreichst du für gewöhnlich die geschilderten Voraussetzungen.

Informiere dich gern privat weiter! Da dieses Buch kein Ernährungsratgeber ist, kann auf Themen wie die Lebensmittelauswahl, Kalorienzufuhr sowie einzelne Arten von Nährstoffen nicht näher eingegangen werden. Ein Alpha-Mann zeichnet sich aber nicht nur dadurch aus, dass er diszipliniert einer gesunden Ernährung folgt und sich hierfür irgendwann einmal Wissen angelesen hat. Der Alpha-Mann hält sich ständig über neue Ernährungstrends auf dem Laufenden und reichert seinen Wissensbestand mit neuem Wissen an. Sei auch du im Bereich der Ernährung solch ein Alpha-Mann und nutze das Wissen, das du aus diesem Ratgeber erhalten hast, als Ausgangsbasis. Folgende drei Routine-Tipps helfen dir dabei, eine gesunde Ernährung schrittweise in die Tat umzusetzen.

3 Routine-Tipps für einen einfacheren Start in die gesunde Ernährung

Die Umstellung auf eine gesunde Ernährung ist für viele Personen herausfordernd. Sich eine gesunde Ernährung anzugewöhnen, geht nämlich meist damit einher, sich negative Gewohnheitsmuster in der Ernährung abzugewöhnen. Doch das mit der Gewohnheit ist so eine Sache: Du hast erfahren, dass Gewohnheiten im Prinzip Automatismen sind, die tief in dir verwurzelt sind. Damit geht einher, dass auch negative Gewohnheiten eine Macht sind – eine, derer du dich nur schwer entledigen kannst.

Immerhin fällt es leichter, sich neue Gewohnheiten anzutrainieren, als alte Gewohnheiten abzulegen, wie es in einem Artikel der ZEIT heißt. (Zeug, 2016) Das bedeutet, dass du anfangs gut daran tust, dich nicht deiner schlechten Ernährungsgewohnheiten zu entledigen, weil du dich ansonsten womöglich überforderst. Anstelle der Abgewöhnung schlechter Gewohnheiten versuche, dir schrittweise einige gute Ernährungsgewohnheiten anzueignen. Ein passender erster Ansatz und daher der erste Routine-Tipp zur Ernährung ist: Probiere dich durch mehrere Obst- und Gemüsesorten sowie andere gesunde Lebensmittel (z. B. Meeresfisch,

Nüsse, Öle) durch. Du kostest so lange von verschiedenen Lebensmitteln, bis du ein Repertoire an jeweils fünf Gemüsesorten und fünf Obstsorten sowie einigen anderen Lebensmitteln hast, die gesund sind und bei denen du sagst: „Die schmecken mir richtig!"

Du wirst sehen, dass wenn du häufiger Gemüse, Obst, Meeresfisch, Vollkornprodukte sowie andere gesunde Lebensmittel isst, du automatisch weniger Ungesundes zu dir nehmen wirst, weil du bereits von der gesunden Ernährung gesättigt bist. Achte darauf, dass du bei den gesunden Lebensmitteln mehr Gemüse als Obst isst – Gemüse hat nämlich weniger Kalorien – und dich außerdem möglichst im Rahmen deines Kalorienziels bewegst: also entweder ein Kaloriendefizit zur Diät, eine neutrale Bilanz oder ein Kalorienüberschuss zum Muskelaufbau. Damit du eine Gewohnheit zum gesunden Essen entwickelst, nimmst du dir vor, täglich eine bestimmte Menge der von dir ausgesuchten Lebensmittel zu konsumieren.

Hinweis!

Im erwähnten Artikel der ZEIT wird bei komplexen Gewohnheiten, die man sich antrainieren soll, empfohlen, die Gewohnheit mit einem Auslösereiz zu koppeln, um die Angewöhnung zu erleichtern. (Zeug, 2016) Suche dir also einen Auslöser, der dich daran erinnert und dazu motiviert, die gesunden Lebensmittel zu essen. Isst du deine gesunden Lebensmittel am liebsten am Abend? Dann könntest du dir morgens, bevor du zur Arbeit gehst, das Besteck und die Zutaten in der Küche so zurechtlegen, dass du nach der Rückkehr von der Arbeit durch den Anblick dazu animiert wirst, dein gesundes Abendessen zuzubereiten.

Weiter geht es mit dem zweiten Routine-Tipp zur Ernährung: Du machst ungesunde Ernährung zur Ausnahme. Hierfür suchst du dir einen Tag in der Woche aus, an dem du dir Süßes, Fast Food, Softdrinks sowie alles andere, wovon man möglichst wenig zu sich nehmen sollte, gönnst. Vielleicht kennst du dieses Prinzip schon aus dem Sport, wo man vom „Cheat Day“ spricht.

Fällt es dir schwer, dir nur an einem Tag ungesunde Ernährung zu erlauben, machst du eben zwei Tage daraus – du allein entscheidest über das Tempo, in dem du deine Ernährung umstellst! Erlege dir keine Zwänge auf und limitiere dich nicht zu stark, denn wenn du an deine Grenzen oder darüber hinaus gehst, wirst du langfristig wahrscheinlich keinen Erfolg mit deiner Ernährungsumstellung verzeichnen.

Eventuell pflegst du bereits nach diesem zweiten Routine-Tipp eine überdurchschnittlich gesunde Ernährung und bemerkst nach einigen Wochen erste positive Effekte auf deine geistige und körperliche Leistungsfähigkeit. Eine Ernährung, die an sechs Tagen in der Woche einwandfrei, gesund und abwechslungsreich ist und nur einen Tag Süßes und Ungesundes beinhaltet, ist bereits eine außerordentlich gute Ernährung. Falls du den ersten Routine-Tipp umgesetzt und deine Leidenschaft zur gesunden Ernährung entdeckt hast, kannst du den zweiten Tipp umso besser umsetzen. Durch den ersten Routine-Tipp sowie die Lebensmittel erhältst du nämlich einen Plan davon, wie gesunde Ernährung zu verlaufen hat, und kannst die sechs Tage noch einfacher umsetzen.

Der dritte Routine-Tipp zur Ernährung ist bereits für Fortgeschrittene: Nimm dir an ein bis zwei Abenden pro Woche oder zumindest zweimal pro Monat allein oder zusammen mit anderen Personen Zeit dafür, ein aufwendiges Gericht zu kochen. „Aufwendig“ bedeutet hier, dass du dir die Zubereitung des Gerichts zutraust, aber bisher aufgrund des für dich großen Aufwands nicht auf die Idee gekommen bist, es zu kochen. Nimm dir nun die erforderliche Zeit zum Kochen. Genieße diese Zeit, indem du dir beispielsweise deine Lieblingsmusik im Hintergrund anschaltest und die Gerüche der Lebensmittel bewusst wahrnimmst. Zelebriere das Kochen und sorge dafür, dass du ein richtig gutes Essen zubereitest. Dann nämlich wird deine Liebe zu gesunder Ernährung zunehmen und du wirst sie noch mehr wertschätzen.

Das klingt für dich jetzt zu sehr nach einem Ratschlag aus einem Frauenmagazin? Nein! Wie einleitend im Ratgeber erwähnt, ist der moderne Alpha-Mann ein vielseitiger Mann. Er ist ein Mann, der sich auch hinter den Herd stellt und der auf Klischees wie „Die Frau kocht, der Mann bringt das Geld nach Hause“ nicht viel Wert legt. Sei auch du dieser Mann und beeindrucke andere Personen mit deinen Fähigkeiten in der Küche, die du dir allmählich aneignest. Du kannst nicht kochen? Dann lerne es eben durch regelmäßiges Ausprobieren verschiedener Rezepte! Du möchtest nicht kochen? Dann ersetze diesen dritten Routine-Tipp durch den Ratschlag, mindestens ein Mal pro Woche in ein gutes Restaurant zu gehen! Wichtig ist aber, dass du regelmäßig mit richtig gut zubereiteter und gesunder Ernährung in Berührung kommst, um festzustellen: Ja, die gesunde Küche ist geschmacklich den industriell verarbeiteten, sowie zuckerhaltigen Fertig-Lebensmitteln und Fast-Food-Gerichten sehr überlegen.

Alpha-Botenstoffe für den Alpha-Mann

Es ist wissenschaftlich erwiesen, dass Männer die besseren Voraussetzungen für körperliche Leistungsfähigkeit mit sich bringen als Frauen. Schnellere Sprintgeschwindigkeiten, größere Wurfweiten, schnellerer Muskelaufbau – diese und weitere Faktoren verdeutlichen die prinzipiell körperliche Überlegenheit der Männer gegenüber Frauen. (Kindel, 2023) Zudem lassen sich die körperlichen Vorteile von Männern unter hormonellen Aspekten gut nachvollziehen, denn Frauen haben wesentlich weniger Testosteron und mehr Östrogen im Hormonspiegel, was einen wesentlich langsameren Muskelaufbau als beim Mann zur Folge hat.

Doch Vorsicht: Die Frauen in den letzten Jahrzehnten haben sich emanzipiert und werden zunehmend leistungsfähiger. Immer mehr Frauen schlagen Karrieren in Sportarten ein, die früher als klassische männliche Sportarten bezeichnet wurden: Boxen, Bodybuilding, Fußball und viele mehr. Die Frau von heute entwickelt sich weiter und wird vielseitiger. Unterschätze daher keinesfalls die Stärke des weiblichen Geschlechts, denn immer mehr Frauen werden zu Wunderpaketen und zeigen beachtliche körperliche Leistungen. Ein Alpha-Mann muss keine Sportskanone sein, aber ganz im Sinne der Vielfältigkeit und auch deswegen, um deine genetisch guten Voraussetzungen für körperliche Leistungsfähigkeit nicht ganz zu vernachlässigen, ist es empfehlenswert, wenn du sportlichen Aktivitäten nachgehst.

Durch einen leistungsfähigen Körper, dem man die Sportlichkeit etwa durch einen aufrechten Gang oder einen hohen Muskelanteil anmerkt, steigerst du die Wahrscheinlichkeit, dass du die Leute um dich herum beeindruckst. Gleichzeitig tust du dir selbst etwas Gutes, denn sportliche Aktivität sorgt für die Ausschüttung diverser Hormone und Botenstoffe: Serotonin, Dopamin, Adrenalin, Noradrenalin – das sind einige Beispiele für Botenstoffe, die dir ein Glücksgefühl verleihen, das bis nach dem Sport anhält, dich mit Energie ausstatten, dir einen rauschähnlichen Zustand verschaffen sowie viele weitere kleinere positive Effekte haben. Seit einiger Zeit wird sogar über die Freisetzung anderer Botenstoffe diskutiert, die den Inhaltsstoffen in Cannabis nahekommen. (Joung, 2014) Je häufiger du die Ausschüttung dieser Hormone durch sportliche Aktivitäten anregst, desto öfter wirst du dich stark und glücklich fühlen. Mit der Häufigkeit positiver Gefühle steigerst du die Wahrscheinlichkeit, dass du dich auch außerhalb des Sports gut fühlst. Durch die Hormonausschüttung beim Sport kannst du deine allgemeine Entwicklung zum Alpha-Mann vorantreiben. Hiermit ist sogar die charakterliche Entwicklung gemeint und nicht nur die körperliche.

Sport hat zudem eine weitere Funktion, die dir beim Erreichen deiner Ziele hilft: Beim Sport merkst du relativ schnell deine Fortschritte. Ob du nun das erste Mal professionell schwimmen lernst und bemerkst, dass du dich durch die Bauchatmung bereits ohne Bewegungen an der Wasseroberfläche halten kannst oder ob du nach zwei Monaten des Kampfsports merkst, dass dein Gang aufrechter und selbstbewusster geworden ist: Fortschritte stellen sich beim Sport relativ schnell ein, wenn du dich zumindest zwei bis drei Mal wöchentlich einer Sportart widmest. Mit ein bisschen gedanklicher Transferleistung wirst du begreifen, dass es auch bei anderen Dingen im Leben wie beim Sport verlaufen kann. Du wirst motivierter sein, in deinem Beruf die Extrameile zu gehen, dich bei deinem Studium mehr anzustrengen oder bei deinen Bemühungen um eine Frau, die dir gefällt, nicht nachzugeben – denn dank des Fortschritts im Sport kennst du die universelle Regel, die auch der Alpha-Mann kennt: Arbeit an sich selbst und den eigenen Zielen zahlt sich aus!

Auf der Suche nach Inspiration? Ratschläge für Sportarten

Bei der Entscheidung, welche Sportart du in deinen Alltag integrierst, solltest du zunächst deiner eigenen Nase folgen: Worauf du Lust hast, das machst du am besten! Denke dir auf keinen Fall, dass ein Alpha-Mann muskulös sein muss und du anstelle deines Lieblingssports am besten Kraftsport machst. Tu wie sonst auch in deinem Leben das, worauf du Lust hast. Wenn du beim Sport deinem inneren Antrieb folgst, wirst du ebenso in den sonstigen Entscheidungen deines Lebens dazu tendieren, selbstbestimmt zu agieren.

> ***Hinweis!***
>
> Es gibt mehrere Studien und Psychologen, laut denen es heißt, dass Frauen einen durchschnittlichen Körper dem muskulösen Körper vorziehen. (Röcker, 2022) Das Wissen um diese Studien und Psychologenaussagen sollte dich noch stärker dazu motivieren, bei der Wahl deines Sports nicht nach Klischees zu gehen, sondern deinen eigenen Interessen sowie Leidenschaften zu folgen.

Welchen Sport willst du wirklich ausüben? Eventuell weißt du die Antwort bereits. Falls nicht: Bei der Suche nach einer Antwort sind dir die Übungen zur Selbstreflexion aus dem vorigen Kapitel hilfreich. Du setzt dich in Ruhe hin und überlegst, für welche Sportart du dich schon immer interessiert hast oder bei welchem Sport du dir vorstellen könntest, diesem wöchentlich mindestens zwei bis drei Mal nachzugehen. Informiere dich über die verschiedenen Sportarten und du wirst die richtige finden. Hilfreich sind dir dabei folgende Hinweise:

- Was wäre sinnvoll? Wenn du nicht weißt, welche Sportart du ausüben willst, oder du deine favorisierte Sportart nicht ausüben kannst, dann stelle dir die Frage, welche Sportart an deinem jetzigen Punkt sinnvoll wäre. Falls du stark übergewichtig bist, wäre Kraftsport nicht die effizienteste Sportart. Fürs Abnehmen gehst du am besten einem Sport mit hohem Kalorienverbrauch nach, wozu unter anderem Boxen und Laufen gehören.
- Was passt charakterlich zu mir? Wenn du gern mit anderen Menschen zu tun hast, ist die Wahl einer

Mannschaftssportart hilfreich. Hier verknüpfst du das Kennenlernen neuer Menschen mit der Ausübung von Sport. Der Sport in der Gruppe könnte besonders motivierend für dich sein. Zudem ist die Wahl einer Mannschaftssportart auch gut, wenn du neue Freunde kennenlernen möchtest, aber dir dies im Alltag schwerfällt – der Sport als Bindeglied und gemeinsames Interesse kann dir den Gesprächseinstieg mit anderen Menschen vereinfachen.

- Interessiert mich Sport überhaupt? Nochmals zur Erinnerung: Du musst nicht alles machen, was in diesem Ratgeber empfohlen wird. Falls du ein Alpha-Mann ohne Affinität zum Sport bist und eher schmächtig oder übergewichtig bist, dann ist es eben so. Interessiert dich keine Sportart, dann übst du keine aus – oder überlegst dir zu einem späteren Zeitpunkt, welchen Sport du machen könntest.
- Kann ich den Sport mit anderen Talenten verknüpfen? Es gibt gewisse Sportarten bzw. körperliche Aktivitäten, die du mit anderen Talenten verknüpfen kannst. Du hast ein musikalisches Talent? Wie wäre es dann mit Tanzen? Das ist ein Beispiel für eine Aktivität, die ziemlich sportlich ist. Generell ist Tanzen ein Allrounder, weil du hierbei viele Kalorien verbrennst, wahrscheinlich Frauen kennenlernst, mit ihnen körperlich auf Tuchfühlung kommst, an deinem Taktgefühl und deiner Geschicklichkeit feilen kannst und außerdem Vielseitigkeit zeigst. Teilweise ist Tanzen immer noch als unmännlich verschrien, doch in Wahrheit werden viele Männer, die tanzen können, sowohl von anderen Männern als auch von Frauen bewundert.
- Welchen praktischen Nutzen ziehe ich im Alltag aus dem Sport? Du kannst bei der Wahl eines Sports nutzenorientiert vorgehen, indem du dich beispielsweise für eine Kampfsportart entscheidest, um dich

und deine Liebsten im Falle eines Überfalls gut verteidigen zu können. Falls du aufgrund eines Bürojobs oder Jobs an der Kasse Probleme mit dem unteren Rücken hast, ist Kraftsport eine gute Maßnahme zur Stärkung des unteren Rückens.

- Du möchtest andere mit dem Sport beeindrucken? Bedenke bei diesem Punkt, dass es als Alpha-Mann zwar wichtig ist, andere zu beeindrucken, aber für deine Entscheidungen nicht der allerwichtigste Faktor sein sollte. Falls du einen Sport findest, mit dem du andere beeindrucken kannst UND der dir Spaß macht, bist du auf dem richtigen Weg. Beispiele für solche Sportarten sind unter anderem Eigengewichtstraining und Yoga, weil du die Übungen draußen absolvieren kannst und keine Ausrüstung dazu brauchst, sowie Schwimmen, weil es im sozialen Umfeld zumindest manchmal zu Ausflügen ins Schwimmbad oder im Sommer des Öfteren zu Ausflügen an den Badesee kommt. Bei diesen Sportarten schauen dir andere häufig zu und du kannst mächtig Eindruck hinterlassen.

Das ist eine große Menge an Sportarten und Hilfestellungen zur Entscheidungsfindung. Falls du dir nicht sicher bist, spricht nichts dagegen, dass du erst einmal mehrere Sportarten sowie körperliche Aktivitäten ausprobierst. Danach kannst du eine Entscheidung treffen. Solltest du genügend Zeit und Lust haben, dann nimm gern zwei Sportarten auf. Solange sich diese gut ergänzen und du deinen Körper nicht überlastest, ist nichts verkehrt daran, an der Leistungsfähigkeit zu arbeiten und dabei mehrere neue Sportarten gleichzeitig zu erkunden.

3 Routinen-Tipps für einen leichten Einstieg in den Sport

Oft kann beobachtet werden, dass es den Personen bei den ersten Schritten im Sport nicht an Motivation mangelt. Manchmal ist die Motivation sogar so groß, dass sie zu einem sehr harten ersten Training führt und in einer absoluten Übermüdung danach mündet. Den Kater in den Muskeln verlieren einige Personen bereits nach dem ersten Training und mit dem Antrieb, langfristig und konsequent Sport zu machen. Abgesehen davon, dass du es beim ersten Training – ob im Fitnessstudio, beim Schwimmen oder bei einem Ballsport – generell gemächlich angehen solltest, setzt du dir mit einem sehr langen und harten ersten Training eine zu hohe Messlatte. Hierbei könnte sich folgender Gedankengang in deinem Gehirn abspielen: „Wenn ich das zweite Training nicht so durchziehe wie das erste, dann habe ich mich verschlechtert." Der erste Routine-Tipp für den Sport besteht – der geschilderten Problematik vorbeugend – darin, dass du es bei den ersten Trainingseinheiten gezielt ruhiger angehen lässt: Gib bewusst nicht alles! So verhinderst du, dich zu übermüden, und lässt mehr Raum für spätere positive Überraschungen durch Leistungssteigerungen. Setze deine Ziele bei den ersten Trainingseinheiten bewusst bescheiden, um mehr Erfolgserlebnisse zu verbuchen. Du kannst darauf vertrauen, dass du, auch wenn du in den ersten Trainingseinheiten nicht komplett dein Bestes gibst, einige Fortschritte erzielen wirst. Vor allem dann, wenn du lange keinen Sport mehr gemacht hast, wird dir dein Körper für die Wiederaufnahme deiner sportlichen Aktivität danken und du wirst wahrscheinlich schon nach ein paar Wochen erste positive Ergebnisse bemerken. Dank der guten Ergebnisse trotz eines überschaubaren Schwierigkeitsgrades wirst du motiviert sein, am Ball zu bleiben.

Mit dem zweiten Routine-Tipp für den Sport knüpfst du im Prinzip an die Lektion aus dem ersten Routine-Tipp an:

Weniger ist mehr. Der zweite Tipp sieht vor, dass du nach drei bis sechs Wochen deiner sportlichen Aktivität eine Pausewoche einlegst. Ob die Pause nach drei Wochen oder nach sechs Wochen kommt, entscheidest du selbst, indem du auf die Signale deines Körpers und auf deine Stimmung hörst. Fakt ist, dass die Pausewoche dir hilft, neue Kraft zu tanken. Zudem trägt eine Pause bei vielen Sportarten zur Leistungsoptimierung bei. Sportarten wie Schwimmen und Kraftsport, bei denen du viele technische Abläufe lernst und dir merken musst, stellen einen enormen kognitiven Anspruch an dich. Wenn du eine Pausewoche einlegst, gibst du deinem Unterbewusstsein die Zeit, um zuletzt Gelerntes passiv zu verarbeiten und dabei zu verinnerlichen. Häufig fällt Sportlern die Durchführung zuvor komplizierter Abläufe nach einer Pausewoche wesentlich leichter.

Den dritten Routine-Tipp für den Sport hast du am Rande der drei Tipps zur Ernährung bereits kennengelernt: Suche nach einem Trigger, der dich daran erinnert, zum Sport zu gehen! Ein guter Trigger kann beispielsweise sein, die Sporttasche direkt zur Arbeit mitzunehmen. Nach der Arbeit kommst du, mit der Trainingstasche in den Händen, nicht mehr so stark in Versuchung, auf den Sport zu verzichten wie ohne die Trainingstasche. Denn wozu hast du die Trainingstasche denn überhaupt mitgenommen? Na klar, um zu trainieren! Also trainierst du höchstwahrscheinlich und suchst nicht erst nach Ausreden.

5 Beispiele für weitere gute Routinen

- Früh aufstehen: Stehe früh auf, um möglichst viel von deinem Tag zu haben. Auch wenn du eher eine Eule und somit nachtaktiv bist, spricht vieles dafür, sich langsam, aber sicher einen Schlafrhythmus anzugewöhnen, bei dem du bei Dunkelheit schläfst und tagsüber dein Leben lebst. Es ist wissenschaftlich erwiesen, dass nachts Schlafhormone besser ausgeschüttet werden. (Floto, 2019) Versuche, von Monat zu Monat eine Stunde früher aufzuwachen, bis du irgendwann zwischen fünf und acht Uhr aufwachst. Stelle sicher, dass du dabei trotzdem mindestens acht Stunden Schlaf hast, denn ausreichend Schlaf bleibt für die Gesundheit nach wie vor essenziell.

- Kreativität fördern und regelmäßig Neues ausprobieren: Wenn du besonders viel Zeit hast, kannst du dich zu einem Kunstkurs oder Programm anmelden, das du wöchentlich besuchst. Solltest du zeitlich eingespannt sein, dann genügt es, wenn du an ein oder zwei Wochenendtagen pro Monat spontan etwas Neues versuchst. Indem du dich mit neuen Dingen befasst, überraschst du regelmäßig dich selbst und dein Umfeld. Du hast etwas zu erzählen und – was wichtiger ist – du hast abwechslungsreiche Erlebnisse! Das hält dein Leben interessant und deine Lebenslust auf einem hohen Level.
- Jeden Tag einen unbekannten Menschen ansprechen: Du möchtest an deinen sozialen Skills arbeiten? Dann sprich jeden Tag einen unbekannten Menschen an. Indem du Menschen in verschiedenen Alltagssituationen ansprichst, erweiterst du deine Kommunikationsfähigkeiten auf eine vielseitige Art und Weise. Wenn du dir nicht zutraust, fremde Menschen anzusprechen, kannst du gern damit anfangen, bereitwilliger mit Personen zu reden, die dich ansprechen.
- Motivierende Sprüche aufhängen: Hänge dir jeden Abend vor dem Schlafengehen einen motivierenden Spruch auf, den du nach dem Aufstehen am nächsten Tag liest. Dieser Spruch kann allgemein motivierend sein oder dich mit Bezug auf eine deiner Aktivitäten am folgenden Tag motivieren. Baue dich mit dem Spruch auf und verinnerliche ihn, indem du ihn dir

jeden Morgen langsam, laut und deutlich mindestens zehnmal vorliest.

- Weniger Zeit an digitalen Geräten verbringen: Ob die Strahlung des Smartphone-Displays am Abend die Schlafqualität mindert – darüber streiten die Wissenschaftler. Fernab von medizinischen und physiologischen Gründen gibt es allerdings ein wichtiges Motiv, um von digitalen Geräten zumindest etwas auf Abstand zu gehen: sich mehr Zeit für sich zu nehmen und sich selbst aktiv zu beschäftigen. Die sozialen Medien, Streaming-Dienste und viele weitere Apps auf digitalen Geräten nehmen dir die Frage ab, wie du dich beschäftigen solltest, indem sie dir Angebote machen und du dich meist für eines entscheidest. Dabei agierst du passiv. Nimm dir zumindest eine halbe Stunde täglich vor dem Schlafengehen Zeit, um aktiv in dich hineinzuhorchen. Finde dabei heraus, was du zum jeweiligen Zeitpunkt gern machen würdest und wofür du kein digitales Gerät brauchst: Lesen? Zeichnen? Einfach nur faulenzen? Den Tag vor dem inneren Auge vorbeiziehen lassen? Tagebuch schreiben? Tu das, worauf du Lust hast, und etabliere es als alternative Gewohnheit.

Zusammenfassung

Routinen können dein bester Freund oder dein schlimmster Feind sein. Mache sie zu deinem besten Freund, indem du schrittweise positive Gewohnheiten aufbaust. In der Regel werden die negativen Gewohnheiten allmählich den positiven Routinen weichen, sodass du nicht einmal aktiv daran arbeiten musst, dich deiner negativen Gewohnheiten zu entledigen. Jede positive Routine unterstützt dich dabei, deinen Weg zum Alpha-Mann leichter und schneller zurückzulegen.

Zwei grundlegende Bereiche, in denen du dich definitiv um die Etablierung einzelner positiver Routinen bemühen solltest, sind die Ernährung sowie der Sport. Mit guten Gewohnheiten in diesen Bereichen legst du die Basis dafür, dass du dich körperlich und geistig wohlfühlst. Welche weiteren positiven Gewohnheiten du etablierst, steht dir komplett frei. Grundsätzlich ist es jede positive Routine wert, in den Alltag integriert zu werden.

Schlussteil

Der Weg des Alpha-Mannes ist anspruchsvoll, aber bei der Beachtung einiger Regeln lässt er sich gut und mit hoher Erfolgswahrscheinlichkeit meistern. Diese Regeln hast du im Ratgeber kennengelernt, sodass du nun klare Ziele hast, die du verfolgen kannst: Definiere Werte und halte diese ein, um dir ein solides soziales Umfeld aufzubauen. Dieses Umfeld wird dein Rückgrat in schweren Lebensphasen sein und dir die guten Lebensphasen versüßen. Arbeite zudem daran, dein eigenes Selbstbewusstsein zu stärken, indem du deine vielen Fähigkeiten sowie Kenntnisse wahrnimmst und ihnen die gebührende Wertschätzung entgegenbringst.

Wenn du dir diese beiden Komponenten – ein starkes Umfeld und ein großes Selbstbewusstsein – aneignest, hast du den Weg zum Alpha-Mann längst begonnen. Es sind die zwei wichtigsten Säulen des Alpha-Mannes. Mit der dritten Säule, der Selbstreflexion, trägst du dazu bei, dass du deine Handlungen und Gedanken bestmöglich hinterfragst. So bist du darüber im Bilde, ob dein Alltag im Einklang mit deinen tiefsten Erwartungen und Wünschen verläuft. Die vierte Säule, die Routinen, dienen der Entwicklung von Automatismen. Letztere führen dazu, dass du vieles, was zu deinem Alpha-Mann-Status beiträgt, nicht mehr aus Zwang machen musst – denn als Automatismus ist es dir ins Blut übergegangen: gesunde Ernährung, sportliche Aktivitäten, regelmäßiges Lernen, eine bis zwei Stunden mehr pro Tag arbeiten – du kannst alles zu einer Routine machen und es wird dir dadurch leichter von der Hand gehen.

Unabhängig von den Tipps, Übungen und vier Säulen, die du in diesem Ratgeber kennengelernt hast, gibt es zahlreiche andere Aspekte, die einen Alpha-Mann auszeichnen: Er erreicht seine Ziele und hat Führungsqualitäten – das wären zwei Beispiele für weitere wesentliche Eigenschaften. Auf diese Eigenschaften wurde im vorliegenden Ratgeber aus mehreren Gründen nicht eingegangen. Der wichtigste Grund hierfür ist: Im Prinzip ist das Erreichen deiner Ziele und das Entwickeln von Führungsqualitäten etwas, das sich aus der Einhaltung der vier Säulen aus diesem Ratgeber von selbst ergibt. Auch deine Flirtfähigkeiten, falls du der Don Juan unter den Alpha-Männern werden möchtest, verbessern sich mit der Zeit, wenn du dich an die Ratschläge aus diesem Buch hältst. Dieser Ratgeber vermittelt dir nämlich eine Basis, aus der heraus du dich als Alpha-Mann individuell in die Richtung entwickeln kannst, die du anstrebst. Wie das funktioniert? Das wirst du mit der Zeit selbst begreifen, denn das wahre Leben ist in einigen Punkten immer noch der beste Lehrer.

Was du aus der Alpha-Mann-Basis machst, die du dir mithilfe dieses Ratgebers angeeignet hast oder künftig aneignest, liegt nun völlig bei dir. Du hast alle Trümpfe in deiner Hand! Lege am besten schon heute oder spätestens morgen mit den ersten Übungen aus diesem Ratgeber los und nimm dir für die Durchführung dieser Übungen genügend Zeit. In aller Ruhe machst du so den ersten Schritt. Je mehr Schritte du diesem ersten Schritt folgen lässt, desto einfacher wird dir der Rest deines Weges zum Alpha-Mann fallen.

Worauf wartest du noch? Die Bühne gehört dir!

Quellenverzeichnis

Albat, D. (2020). Der Mensch – ein soziales Wesen. Warum wir die Bindung zu anderen brauchen. Scinexx. https://www.scinexx.de/dossierartikel/der-mensch-ein-soziales-wesen/

Boeing, N., & Winzer, S. (2016). Ich weiß, wie du dich fühlst. ZEIT Online. https://www.zeit.de/zeit-wissen/2016/01/empathie-fluechtlinge-mensch-evolution

Brueck, H. (2018). Der Forscher, der den Begriff „Alpha-Männchen" geprägt hat, sagt, wir verwenden das Wort falsch. Business Insider Deutschland. https://www.business-insider.de/wissenschaft/ted-talk-alpha-maennchen-fuersorglich-keine-fieslinge-frans-de-waal-2018-6/

Chelsom, P. (Regisseur). (2004). Darf ich bitten? [Film].

Emmerich, A., & Rigotti, T. (2022). Authentizität. In Dorsch – Lexikon der Psychologie. Hogrefe. https://dorsch.hogrefe.com/stichwort/authentizitaet

Europäische Kommission. (2019). Studie über Zusammenhang zwischen Ernährung und Depression. Cordis. https://cordis.europa.eu/article/id/308453-investigating-the-link-between-food-and-depression/de

Fleig, J. (2022). Regeln für den respektvollen Umgang miteinander. Business Wissen. https://www.businesswissen.de/artikel/verhalten-regeln-fuer-den-respektvollen-umgang-miteinander/

Floto, C. (2019). Gesunder Schlaf braucht absolute Dunkelheit. Deutschlandfunk. https://www.deutschlandfunk.de/naechtliche-ruhe-gesunder-schlaf-braucht-absolute-dunkelheit-100.html

FOCUS Online. (2016). Deswegen haben nette Menschen so oft das Nachsehen. https://www.focus.de/finanzen/karriere/studie-zeigt-deswegen-haben-nette-menschen-so-oft-das-nachsehen_id_5355929.html

Grundmann, M. (2010). „Menschen sind auf Beziehungen angewiesen". Westfälische Wilhelms-Universität Münster. https://www.uni-muenster.de/unizeitung/2010/6-120.html

Gutknecht, L. (2023). Selbstreflexion: Praktische Tipps und einfache Übungen zur Selbstwahrnehmung. Foodspring Magazin. https://www.foodspring.de/magazine/selbstreflexion

Jacka, F. N., Pasco, J. A., Mykletun, A., Williams, L. J., Hodge, A. M., O'Reilly, S. L., Nicholson, G. C., Kotowicz, M. A., & Berk, M. (2010). Association of Western and traditional diets with depression and anxiety in women. American Journal of Psychiatry, 167(3), 305-311. https://doi.org/10.1176/appi.ajp.2009.09060881

Joung, F. (2014). Weshalb uns Sport glücklich macht. Spiegel. https://www.spiegel.de/gesundheit/ernaehrung/endorphine-serotonin-flow-warum-sport-gluecklich-macht-a-959763.html

Kaffka, L. (2021). „Jeder Mensch will wertgeschätzt werden". Spiegel. https://www.spiegel.de/psychologie/

wertschaetzung-wieso-jeder-mensch-anerkennung-und-lob-braucht-a-e6ac7624-73ae-4780-b87b-9f77619b737c

Kindel, D. (2023). Wie sich Frau und Mann unterscheiden: Verblüffende Erkenntnisse der Forschung. GEO. https://www.geo.de/wissen/forschung-und-technik/geschlechterforschung-wie-sich-frau-und-mann-unterscheiden-verblueffende-30179942.html

Mai, J. (2023). Empathie: 4 Säulen, Bedeutung, Test + Beispiele: wie lernen? Karrierebibel. https://karrierebibel.de/empathie/

Merkle, R. (2022). Selbstvertrauen aufbauen und stärken. PAL Verlag. https://www.palverlag.de/selbstvertrauen-info.html

Rehberg, C. (2023). Studie: Psychische Gesundheit hängt von der Ernährung ab. Zentrum der Gesundheit. https://www.zentrum-der-gesundheit.de/news/gesundheit/allgemein-gesundheit/psyche-ernaehrung

Röcker, A. (2022). „Muskeln sind das männlichste aller Attribute". Spektrum. https://www.spektrum.de/kolumne/muskeln-sind-das-maennlichste-aller-attribute/1992049

Scott, R. (Regisseur). (2000). Gladiator [Film].

Spektrum. (2000). Charakter. In Spektrum Lexikon. https://www.spektrum.de/lexikon/psychologie/charakter/2779

Stahelski, C. (Regisseur). (2023). John Wick: Kapitel 4 [Film].

Stangl, W. (2023). Selbstreflexion. Lexikon für Psychologie und Pädagogik. https://lexikon.stangl.eu/7084/selbstreflexion

Stetka, B. (2017). Iss dich schlau! ZEIT Online. https://www.zeit.de/wissen/gesundheit/2017-01/ernaehrung-gehirn-psyche-gesundheit-studie

Zeug, K. (2016). Mach es anders! ZEIT Online. https://www.zeit.de/zeit-wissen/2013/02/Psychologie-Gewohnheiten

Printed in Poland
by Amazon Fulfillment
Poland Sp. z o.o., Wrocław

43612713R00078